万笏朝天　先忧后乐

走读中国古典园林　曹林娣　丛书主编

曹林娣　赵江华 ◎ 著

天平山庄

中国电力出版社
CHINA ELECTRIC POWER PRESS

内 容 提 要

中国古典园林是承载中华文化神韵的靓丽名片，具有无可替代的历史文化价值。苏州园林更是古典园林的精华，中华文化经典，世界文化瑰宝。天平山庄是范仲淹十七世孙范允临所建。主要由咒钵庵、来燕榭、范参议祠、高义园和白云古刹五个部分组成。各类建筑因地制宜，高低错落，疏密有致，亭台楼阁与青山绿水、奇石古枫融为一体，人文之胜与自然之美相得益彰。

本书以纸上走读园林的形式展开，按文化解读划分景区空间概念，以实地游览路线为导向，串联整座园林，极具参考价值。

图书在版编目（CIP）数据

走读中国古典园林. 天平山庄 / 曹林娣丛书主编；曹林娣，赵江华著. —北京：中国电力出版社，2024.5

ISBN 978-7-5198-8848-0

Ⅰ.①走… Ⅱ.①曹…②赵… Ⅲ.①古典园林—介绍—苏州 Ⅳ.① K928.73

中国国家版本馆 CIP 数据核字（2024）第 081081 号

出版发行：中国电力出版社
地　　址：北京市东城区北京站西街 19 号（邮政编码 100005）
网　　址：http://www.cepp.sgcc.com.cn
责任编辑：曹　巍　（010-63412609）
责任校对：黄　蓓　于　维
装帧设计：王红柳
责任印制：杨晓东

印　　刷：北京盛通印刷股份有限公司
版　　次：2024 年 5 月第一版
印　　次：2024 年 5 月北京第一次印刷
开　　本：880 毫米 ×1230 毫米　32 开本
印　　张：5.75
字　　数：150 千字
定　　价：48.00 元

陆锐 摄影

陆锐 摄影

陆锐 摄影

序章

天平山

天平山位于苏州古城西约 14 公里，东南为金山，南连灵岩山，西北通华山、天池山，北接支硎山，占地面积 77 公顷。海拔 221 米，山势高峻。因其山巅平整，可站立数百人，故名天平山。又因其山高入云，常有白云缭绕，唐代开始亦被称作白云山。

天平山形成于距今 1.36 亿年前活跃的地壳运动。造山运动中，板块碰撞，岩石急剧变形，地层的一部或数部上下错位或扭曲，断层倾斜幅度近于垂直。又历经亿万年风雨侵袭，冰冻日曝，表面风化部分剥落，残存坚硬部分森然耸立，似封建时代大臣朝见皇帝用的附笏（hù）一样，人称"万笏朝天"。

明计成《园冶》说，郊野地造园，要"依乎平冈曲坞，叠陇乔林，水浚通源，桥横跨水，去城不数里，而往来可以任意，若为快也。……开荒欲引长流，摘景全留杂树"，注意在郁密之中而兼旷远的野趣。

苏州天平山庄，位于天平山麓，是典型的郊野山麓园。

森然耸立 万笏朝天

"万笏朝天"旧题刻

白云庵 天平寺

唐宝历二年（826），僧永安在天平山南麓建"白云庵"，亦名"天平寺"。山半有白云泉，泉水清澈甘冽，白居易为之赋《白云泉》诗，天平山名由此日著。

北宋天圣六年（1028），僧择梧在宝历遗址上拓建庵院，仍称白云庵。

《重修白云寺记》石碑

白云禅寺 赐山 忠烈庙

北宋景祐元年（1034），范仲淹出任苏州知州。庆历四年（1044），范仲淹因高祖唐柱国丽水县丞范隋、曾祖范梦龄、祖范赞时、父范墉均安葬于天平山右麓，奏请白云庵改功德香火院，仁宗赐其寺额"白云禅寺"，并以山赐之。自此，天平山称赐山，俗呼范坟山。因其曾、祖、父三世都被追赠为国公衔，亦称三太师坟。由范仲淹创设于皇祐元年（1049）的范氏义庄负责管理。范仲淹殁后，被谥为"文正公"，他的后代又在白云寺南建文正公祠，以奉祭祀。

北宋宣和五年（1123），庆州（今甘肃庆阳）经略安抚使宇文虚中奏建范文正公祠于庆州，用以纪念范仲淹，宋徽宗赵佶书赐庙额为"忠烈"。南宋绍兴年间，为沿袭甘肃庆阳范仲淹祠堂，范氏后人和当地官民将天平山麓原有范仲淹所建祖祠重修一新，将宋徽宗赵佶原题赐的"忠烈"二字榜于门前，故称忠烈庙。每年上巳节（三月初三），三司率僚属等皆来致祭。

元至元二十二年（1285），范氏义庄主祭范邦瑞重建忠烈庙。"四月庙成。丙戌（1286）二月既望，率族奉安。前设文正公像，内设三国公神仪，庙凡十楹，黝垩丹漆，备极壮丽。"元末兵乱，忠烈庙、白云寺又毁。

明初，白云寺得以重建。正统八年（1443），巡抚周忱等出资重修忠烈庙。吴县县令叶锡殚心尽力，规划处置，邻近各县也尽力资助，耗时两月修建完工。新庙"为堂前、后各三间，以奉公及三世先公像"。东、西厢如其数，以藏祭器，而斋宿寓焉，壮丽严整，有加于昔。中作石桥，桥南左右为碑亭。前作大门，榜曰"敕赐范文正公忠烈庙"。

　　下图是明沈周（1427—1509）《苏州山水全图》中的"天平山"和《两江名胜图》中的范公祠，可略见当时风貌。沈周有跋曰："范公存庙貌，山气亦增高。后乐先忧事，拜公天下豪。"足见后人对于范仲淹的崇敬之情。

明沈周《苏州山水全图》中的"天平山"

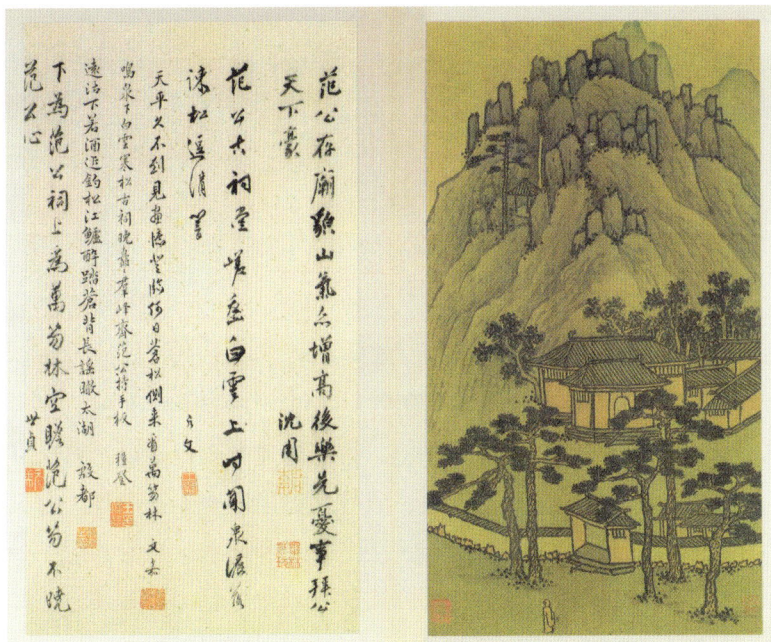

明沈周《两江名胜图》中的范公祠

　　明万历四十三年（1615），范仲淹第十七世孙、福建布政使司右参议范允临弃官归苏。范允临（1558—1641），字长倩，号长白，万历二十三年（1595）进士，官至福建布政司参议；精通书法，善绘画，时与董其昌齐名；致仕后隐居苏州天平山麓，时天平两遭战火，建筑尽毁，"遂成荒丘，数百载丛林，掊为瓦砾……余乙卯之秋，稍葺茆茨，略成位置"（明范允临《输寥馆集》）。范允临将从泉州带回的 380 棵枫香树苗，植于天平山麓。每至深秋，彤红灿烂，有"万丈红霞"之称。

　　据汪琬《前明福建布政使司右参议范公墓碑》记载："前明福建参议范公，既解云南组绶，退居里中，惟用文章翰墨倡率后进，享有林泉之乐，从容寿考，殆三十有八年"（清汪琬《尧峰文钞》卷十）。范允临享有林泉之乐约 38 年，则园林约建于万历三十一年（1603）。

　　范允临修葺庙祠，复振祖泽。在范隋墓侧，建造别业。据乾隆《苏州府志》记载，此山庄依山坡地形顺势而建，曲池修廊，引泉水为沼，架以石梁，馆阁亭榭随山势层叠而上，鳞次栉比，错落有致。四周山清水秀，古木参天，形成园林式山景。建筑有嘉言堂、鱼乐国、咒钵庵、听莺阁、芝房、小兰亭、十景塘、桃花涧、宛转桥诸胜，总称天平山庄，俗称范园。春时游人最盛。

　　明张宏绘制的《天平万笏》，展现了范允临在世时的天平山

明张宏绘制的《天平万笏》　　　范允临为张宏《天平万笏》图题诗

庄全貌；范允临为其画题诗道："天平西岭草萋萋，旧种寒松望不齐。涧底石泉流落叶，山头月出鸟还啼。"

明张岱《陶庵梦忆》卷五《范长白》记述山庄园景：

→ 范长白园在天平山下，万石都焉。龙性难驯，石皆笏起，旁为范文正墓。园外有长堤，桃柳曲桥，蟠屈湖面，桥尽抵园，园门故作低小，进门则长廊复壁，直达山麓。其绘楼幔阁、秘室曲房，故故匿之，不使人见也。

山之左为桃源，峭壁回湍，桃花片片流出。右孤山，种梅千树。渡涧为小兰亭，茂林修竹，曲水流觞，件件有之。竹大如椽，明静娟洁，打磨滑泽如扇骨，是则兰亭所无也。地必古迹，名必古人，此是主人学问。但桃则溪之，梅则屿之，竹则林之，尽可自名其家，不必寄人篱下也。……开山堂小饮，绮疏藻幕，备极华褥，秘阁请讴，丝竹摇飏，忽出层垣，知为女乐。饮罢，又移席

015

小兰亭，比晚辞去。主人曰："宽坐，请看'少焉'。"余不解。主人曰："吾乡有缙绅先生，喜调文袋，以《赤壁赋》有'少焉月出于东山之上'句，遂字月为'少焉'。顷言'少焉'者，月也。"固留看月，晚景果妙。主人曰："四方客来，都不及见小园雪，山石峥嵘，银涛蹴起，掀翻五泄，捣碎龙湫，世上伟观，惜不令宗子见也。"

苏州留园前身东园主人徐泰时在京做官，与范允临之父同事。范允临"盖吾亦少孤，十四而先君捐馆舍，十五而母氏弃杯棬（juàn）"（范允临《输寥馆集》卷五），范允临14岁丧父，15岁失母，家道中落，是在徐泰时庇护下长大成人，成年后，入赘为婿。徐泰时逝世后，范允临临时代管徐氏东园，并将徐泰时之子徐溶抚育成人。夫人徐媛是位才女，好吟咏，与寒山别业主人赵宧（yí）光夫人陆卿子唱和，吴中士大夫跟从，交口称誉，流传海内，与陆卿子合称为"吴门二大家"。与范允临偕隐天平山下，极唱随之乐。著有《络纬吟》十二卷，《明史·艺文志》中有记载。

清汪琬称范允临是明代吴中古道朴风的最后继承人："盖百余年来，吴士大夫以风流蕴藉称者，首推吴文定（吴宽）、王文恪（王鏊）两公。其后则文徵仲待诏（文徵明）继之，最后公又继之。逮公物故，而先哲之遗风余韵尽矣。"（清汪琬《尧峰文钞》卷十）

汪琬《前明福建布政使司右参议范公墓碑》称："于是，公归而筑室天平之阳，徙家居之。日夜流连觞咏，讨论泉石，数与故人及四方知交来吴者，往还遨嬉（xī，喜悦）山水间。"（清汪琬《尧峰文钞》卷十）范允临多次举办文人雅会，广交江南名流雅士，天平山庄俨然成为当时吴地的一个文化艺术交流舞台。据俞正阳《天平山庄与晚明园林朋友圈》一文考证，张岱、董其昌、陈继儒、文震孟、文震亨等名流雅士皆是天平山庄的座上宾，另外寒山别业主人赵宧光、无锡愚公谷主人邹迪光、北京勺园主人米万钟皆与范允临有过交集，常州止园主人吴亮还是范允临的姻亲。他们代表着当时诗文书画和园林艺术的最高造诣。在苏州沧浪亭的五百名贤祠内，有范允临的石刻画像，其上赞语曰："职居提学，乃建武功；书入神品，伯仲思翁。"董其昌号思翁，意思是范允临的书法超凡入圣，与董其昌齐名。

沧浪亭五百名贤祠内范允临石刻像

范参议公祠
赐山旧庐
高义园

清康熙二十四年（1685），范允临之子范必英又庀（pǐ，具备）材鸠工，重建忠烈庙前堂及仪门。"撤前堂而新之，惟石柱仍其旧""移仪门于石桥之南，建为五楹，以两夹室庋（guǐ，放置，保存）旧碑置池北，围以石栏"（《重建天平山忠烈庙前堂及仪门记》）。

康熙二十九年（1690），范必英为纪念乃父"复振祖业之功"，在天平山庄址

范允临像

建参议公祠。

康熙四十二年（1703），康熙帝南巡驾临天平山，题"济时良相"匾额，赐忠烈庙。

雍正七年（1729），范仲淹二十四世孙范瑶重修迁吴始祖范隋墓。雍正十一年（1733），范瑶升山西大同知府，一年后归还故里，经理范氏义庄，增置田一千亩，使该义庄土地达到三千多亩。

乾隆五年至七年（1740—1742），范瑶陆续修葺天平祠墓，"两年来，山城绰楔，祠宇廊坊，次第具举""碣翼以亭，门树以石，浚池辟道"（《范氏迁吴始祖唐柱国丽水府君墓门碑》）。

范瑶与范允临曾孙范兴禾、范兴谷"重葺参议祠既成，相与循览园池，忾想参议遗迹，次第复修"。于是天平山庄诸胜"尽还旧观。其明年工讫，改庄名赐山旧庐"（《范氏赐山旧庐记》）。范瑶为了纪念天平山庄的这一殊荣，特地聘请著名画士绘制磁青绢地金碧人物山水画《万笏朝天图》长卷，纵 56.3 厘米，横 1706.7 厘米，写实的工笔画面上，可以看到浩浩荡荡的皇家仪仗，那茂密林木中微露一角的黄罗伞盖，就是主角乾隆帝所在的位置，也可看到苏州地方官员和百姓恭迎圣驾临幸的场面，人数多达数千

清《万笏朝天图》（局部）

人，气势恢宏。图中比较完整地展示了御驾一行从苏州古城到天平山风景区的行程、迎驾人群，以及灵岩、支硎、天平等名山风光。原图最初为清宫旧藏，今珍藏在天津博物馆内。展示在范仲淹纪念馆4馆中的《万笏朝天图》，是运用漆雕工艺按照1:1比例还原的。

至此，天平山庄进入其历史上的高光时刻，成为凝聚吴地文化高风亮节和承载盛世帝王特殊恩荣双重光环的风景名胜。一时祠宇廊坊次第兴举，庄内堂阁亭榭，诸胜尽还旧观。

乾隆十六年（1751），乾隆帝南巡初游天平山，有感于范仲淹的高风义行，题赐"高义园"三字。

又乾隆二十二年（1757）、四十五年（1780）、四十九年（1784），乾隆帝四游天平，为忠烈庙题额"学醇业广"，每次都有题诗，苏州官府和范氏裔孙躬逢其盛，陆续在天平山增建了高义坊、接驾亭、御碑亭、御书楼、高义园正殿（御座）、更衣亭等，并于乾隆四十四年（1779）重建倾圮的忠烈庙头门牌坊。

清代中叶的高义园

山庄兴废与重现辉煌

咸丰十年（1860）至同治二年（1863），山庄被战火毁坏。同治五年（1866）至民国十年（1921）陆续修复，范氏义庄主奉范学炳重修高义园，并在白云寺的遗址上重建"白云古刹"。此后又日渐衰败。

民国期间，天平山兴废多次，回天乏术，日渐衰落。

直到1954年初，苏州市园林管理处接管天平山。随即启动了持续的保护修复工程。

1980年，天平山被列为国家太湖风景名胜区天灵景区的主要景点，重新对景区开始规划建设。1982年被列为苏州市文物保护单位，1995年被列为江苏省文物保护单位。此后，国家每年拨款用以天平山景区的维护和修建，并进行环境整治。

1995年4月，范文正公忠烈庙及天平山庄（包括范坟）被列入江苏省文物保护单位。范仲淹纪念馆被苏州市委、市政府命名为苏州市首批爱国主义教育基地。1997年8月，范仲淹纪念馆被江苏省委宣传部命名为省级爱国主义教育基地。

2000年后又多次修复增建，始成今状。

如今，这里不仅以深秋红枫、山园美景誉满世界，而且以深厚的文化精神内涵，成为爱国主义教育基地。

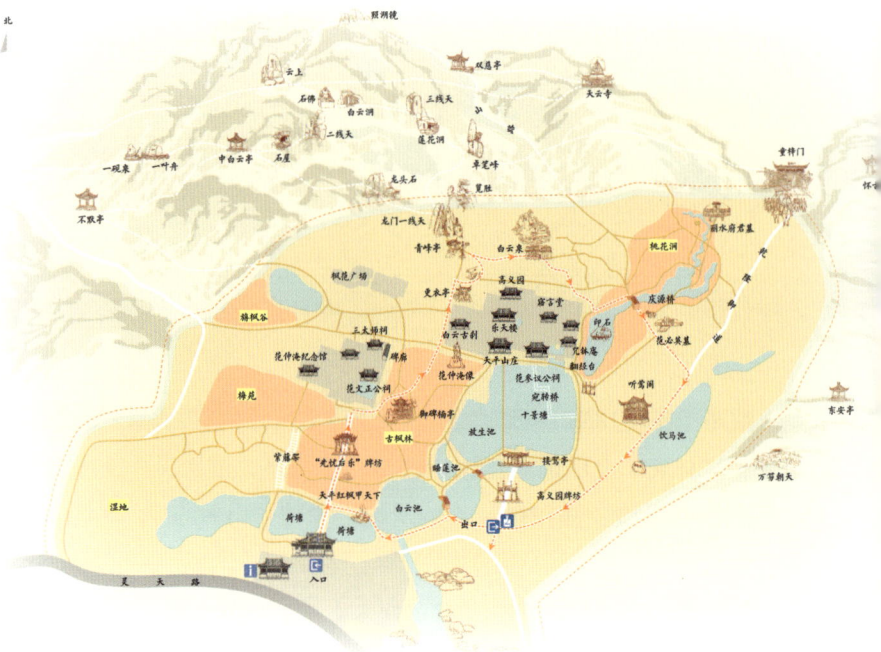

天平山全景图

今"天平山庄"系天平山景区泛称，包括四部分：忠烈庙、范仲淹纪念馆区；天平山庄、白云古刹区；范氏祖茔、童梓门区；登山道区。

天平胜迹

忠烈庙·范仲淹纪念馆区

今入口大门为1998年后新建，位于景区最南端。大门前立石碑，刻『江苏省文物保护单位范文正公忠烈庙』。

门厅

　　门厅前临门口广场，为单层七架梁硬山式，面阔三间，中间辟四扇门，上悬范敬宜书匾"天平圣迹"。厅内东山墙处嵌石刻《天平禁山图》，因天平山及附近诸山的岩石为优质石料，历来有开山采石与禁止开山之争。自天平山成为范氏私产后，就得到历朝政府和民间的保护。民国时，"山中宕户以采石为业者，侵入天平山界，斧凿横加，又持金钱之力，官吏袒护"（汪凤瀛《重修范参议公祠堂记》），保留了当时的这段纷争历史。厅西嵌石刻范仲淹信札。次间后各为小室。

门厅

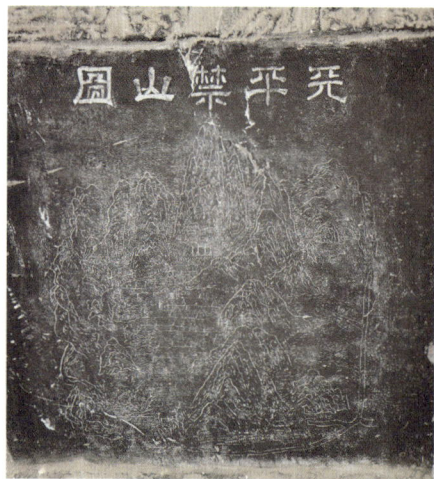

《天平禁山图》

石坊 "先忧后乐"

金山石板路北，便为"先忧后乐"石坊。石坊位于入口通道北，正对门厅，两面朝向，为三间四柱五楼式花岗岩构筑，系1989年纪念范仲淹1000周年诞辰之际建造。牌坊面宽7.45米，高7.72米，两面正中横额镌刻"先天下之忧而忧，后天下之乐而乐"，由著名版本学家、书法家、上海图书馆原馆长顾廷龙书，没有署名。

"先天下之忧而忧，后天下之乐而乐"，取自范仲淹《岳阳楼记》一文。来自大乘佛教的菩萨行和老子《道德经》的启示："先

"先忧后乐"石坊

忧",反映了痛切的忧国忧民意识;"后乐",将个人的逸乐置于"天下乐"的前提下考虑,与民同乐,以精神上的娱乐为主,鄙弃或轻视物质享受。

宋代形成了"君士共治"体制,而且将这一治国基本方针固定为"祖宗家法",为后世历朝皇帝所遵循。宋代士大夫的主要组成部分来自基本完善、相对公平的科举考试,他们如欧阳修所说"开口揽时事,论议争煌煌"。"先忧后乐""以天下为己任"是"士"的集体意识和追求。范仲淹是这一士风的倡导者和践行者。《宋史·范仲淹传》言范仲淹"每感激论天下事,奋不顾身,一时士大夫矫厉尚风节,自仲淹倡之"。南宋思想家朱熹在《语类》中说:"且如一个范文正公,自做秀才时便以天下为己任,无一事不理会过。"

所以,"先忧后乐"是范仲淹品德自我完善的最高境界,也是范仲淹一生言行的精练总结,更是宋代知识分子精神风貌的凝练表达。

牌坊前仁立着一棵枝干婆娑的古"枫香"树,树龄已经有420余年,是天平山最有名的镇山之宝。

范公祠庙忠烈

　　"先忧后乐"坊北为东南朝向的"忠烈庙",全称范文正公忠烈庙,又称范公祠。今为范仲淹纪念馆的一部分。

　　忠烈庙最早建在甘肃庆阳,是当地各族群众为纪念范仲淹守卫大宋边疆的功劳而建。范仲淹曾任陕西经略安抚缘边招讨副使,他率其长子范纯佑卫戍边疆,抵御西夏入侵。他根据北宋兵力积弱的现状,提出了一整套以防守为主的御夏方针,诸如修固边城、精练士卒、招抚属羌等。对保卫祖国边疆做出了卓越的贡献。范公去世后,公元 1123 年,庆州统帅宇文虚中以"公忠于朝廷,其功烈显于西土,至今犹庙祀益虔,然庙未有额"为由,上表请额,宋徽宗因以"忠烈"赐之。宋朝南渡以后,被宋高宗赵构迁到了范家祖坟所在地天平山,这座忠烈庙距今已有近千年的历史了。民国初年,忠烈庙曾稍事修葺,并改"敕赐范文正公忠烈庙",额为"范文正公祠"。

忠烈庙全图

　　现有仪门(门厅)、享堂、三太师祠三进建筑,围以院墙,基本保持了清初的建筑格局。

　　仪门门厅三间,进深五架,硬山式,明间为将军门式样,上设门簪,大门左右各附一碑亭,置有元、

仪门

明、清和当代碑刻，其中有明成化六年（1470）重立的《忠烈庙记》，述元至元二十二年（1285）重建事，元代书法家赵孟頫所书。明正统十年（1445）《重修范文正公忠烈庙记》，载正统八年（1443）应天巡抚周忱倡修之举，碑阴精刻忠烈庙全图，现存布局已于当时形成。

仪门在古代称为桓门，汉代府县治所两旁各筑一桓，后二桓之间加木为门，曰桓门。宋避钦讳，改为仪门，即礼仪之门。明清衙署第二重门通称仪门。取"有仪可象"之意，是主事官员迎送宾客的地方。清末，为避宣统帝溥仪之讳，一度将仪门改为"宜门"。仪门平常不开，人们出入府衙，走东侧便门，即府衙仪门之东配房。

仪门和享堂之间为庭院，占庭院核心位置的是石驳岸方池，池周绕以莲花雕刻石栏，跨水架单拱石桥，为清代旧物。

为什么享堂前要有方塘呢？享堂，即墓祠，通阴宅，台阶用偶数。塘之蓄水，足以荫地脉，养真气。"为看山时先看水，有山无水休寻地"，这里背山面水，象征着一个家族的人丁兴旺和财运亨通。俗传山管人丁水管财，所以民谚"明堂一勺水，能救

方池

十家贫"。塘呈方形，如果上述重在环境心理的话，祠堂前挖塘还在于其消防意义。祠堂是祭祀祖先的场合，宗族人越多，香火越旺，古代祠堂多砖木结构，易招火灾。所以，祠堂前挖一塘水，很有必要。池塘西北乾位还有一口井，既象征着财源，也具有消防意义。

过桥便至享堂，享堂面阔三间，进深九架，硬山式，鱼龙纹脊。堂内方砖铺地，四周除脊柱外全为石柱。明间前为石台阶、石门槛、长窗六扇，四根金柱承以方形石础，四周镂刻麒麟、狻猊（suān ní）、马、鹿等神兽，四角镌饰兽头，应为宋元遗物。

在中国古代哲学思想的结晶阴阳五行学说中，人日常居住的房屋称阳宅，阳宅并不要求永恒，建筑用木构，木，五行属春，阳气足，

方形石础

与人有亲和力；而已故者的墓园为阴宅，则用石构，自西汉开始，石构建筑都用于墓葬和墓区祠堂，以求永恒。

享堂正中前后枋分别悬挂"济时良相""学醇业广"两方横匾。

"济时良相"匾额，为清康熙帝南巡时所赐，表彰范仲淹的功绩。范仲淹生活在北宋王朝由盛到衰的转折时期，庆历革新时，他迁参知政事，相当于副宰相，为宋时期最高政务长官之一，与同平章事、枢密使、枢密副使合称"宰执"。他向宋仁宗提交了《答手诏条陈十事疏》，提出"明黜陟、抑侥幸、精贡举、择官长、均公田、厚农桑、修武备、减徭役、覃恩信、重命令"十项改革措施，这就是著名的"庆历革新"，旨在改变北宋建国以来"积贫积弱"局面的一场政治改革运动。庆历新政通过严格考核，使大批碌碌无为或贪腐的官员被淘汰，一批务实能吏被提拔到重要岗位，官府行政效能提高，财政、漕运等状况有所改善，萎靡的政局有所起色。这场革新在守旧势力的阻挠下终告失败，之后社会矛盾更加尖锐，土地兼并日益严重，冗兵资费加倍，民族矛盾尖锐，但对宋神宗熙宁时期的王安石改革产生了直接的

享堂

影响。

范仲淹一生都有着明确的政治理想，早年表达为追求"良相"的愿望，晚年可归纳为向"古仁人"看齐的人生境界。为了贯彻和实施自己的政治理想，范仲淹敢作敢当，完全不怕触怒权贵与帝王。刚毅坚定的个性，在仕途上就表现为特立独行。他卓然于时俗之上，堪称当代的表率。范仲淹毕生以治政、治军的功绩赢得了世人和后代的称颂。

"学醇业广"匾额，赞美范仲淹学道醇厚，事业宽广。范公之一生，宗经师儒，立志不苟，树立了儒家"士志于道"理想人格的光辉典范。"学醇业广"是乾隆十六年（1751）高宗弘历南巡首临天平山时所赐。并赋诗《范文正祠》："文正本苏人，坟山祠宇新。千秋传树业，一节美敦伦。魏国真知己，夷维转后尘。天平森翠笏，正色立朝身。"

当然，乾隆六下江南，四到天平山，题诗赐匾额，都是为了以帝王权威树立起忠臣典范，以供自己的臣属瞻仰学习。

大堂前枋抱柱挂清康熙年间江苏巡抚宋荦（luò）所撰楹联："甲兵富于胸中，一代功名高宋室；忧乐关乎天下，千秋俎豆重苏台。"

范仲淹才兼文武，腹中自有数万甲兵，在宋王朝建立了大功；他"先忧后乐"的崇高精神境界，赢得苏州人民千秋祭奠。宋仁宗康定元年（1040），范仲淹复天章阁待制、知永兴军，改陕西都转运使。这一年，范仲淹与韩琦并为陕西经略安抚副使，共同负责西北军事防务四年，边疆形势转危为安，当地百姓歌颂说："军中有一范，西贼闻之惊破胆。"范仲淹历任要职，出将入相，到庆历年间，范仲淹成为政治集团的核心人物，士人典范、众人效仿的对象。外患接连不断、风雨动荡的两宋，能支撑300余年，以范仲淹为代表的仁人志士展现的"先忧后乐""以天下为己任"的社会责任观与国家使命感，无疑发挥了巨大的凝聚作用。

景祐元年（1034），时年46岁的范仲淹赴任苏州知州，苏州正"湖溢而江壅，横没诸邑"，范仲淹在《与晏尚书书》中写道："疾苦纷沓，夙夜营救。"他亲自察访水道，分析水患原因，提出"修围、浚河、置闸"的治水方针。夜以继日，将浩大的工程一一落实。把苏州的积水从东南方向导入吴淞江，东北方向导入长江。从此，苏州成了旱涝保收的鱼米之乡。范仲淹《苏州十咏其九·观风楼》诗云："高压郡西城，观风不浪名。山川千里色，语笑万家声。碧寺烟中静，红桥柳际明。登临岂刘白，满目见诗情。"

同年，范仲淹又开始办学培养人才，《吴郡志》载："府学，在南园之隅。景祐元年，范仲淹守乡郡。二年，奏请立学。得南园之巽隅，以定其址。""割南园之巽隅以为学舍"（宋朱长文《乐圃余稿》），创办了第一所州府官学。府学成为苏州钟灵毓秀之地、文脉之源。明王锜《寓圃杂记》卷五《苏学之盛》说："吾苏学官，制度宏壮，为天下第一。人材辈出，岁夺魁首。近年尤尚古文，非他郡可及。自范文正公建学，将五百年，其气愈盛，岂文正相地之术得其妙欤？"范仲淹因此受苏州人民的爱戴，千秋俎豆馨香。

享堂的东西两壁龛塑范仲淹四子纯佑、纯仁、纯礼、纯粹像碑。范仲淹的四个儿子，长期受到父亲的熏染，虽个个身居高位，但都为清官廉吏。

左右次间前设木栅栏窗，北墙嵌有清康熙二十四年（1685）和乾隆四十四年（1770）的修庙碑刻。

享堂东西两侧门宕都呈拱券状，应该是执圭门的一种类型，象征笏版，古代官员上朝用的"记事本"。这类门宕，多出现在生前为大官的官员死后的祠堂门上，亦是地位的象征。

享堂后第三进为"三太师祠"。三太师祠坐北朝南，硬山式，三开间，宽12米，为鱼龙纹鸱吻，正脊中塑团龙喷水，灵芝云纹，进深8米，明间前为长窗8扇，左右侧间前各设矮墙及长窗6扇。

两侧山墙上有范仲淹世系表两块。门东外墙处为《重修三太

拱券门

师祠记碑》，1997 年立。

祠前两石狮子蹲坐，雄狮居左，雌狮居右。中国古代没有狮子，狮子原为"殊方异物"，狮子以"进贡"的方式传入中国，司马彪《续汉书》记载："章帝章和元年（87），安息国遣使献狮子、符拔。"狮子在佛教中是佛国神兽、护法者形象，又是文殊菩萨的坐骑，凶猛剽悍，威震八方，后来随着佛教的中国化，自唐宋时期开始，狮子逐渐被人们用来作为护卫者和辟邪物，以及威震八方的守门神。

门外一棵圆柏，据考证，种植于南宋初年，是名副其实的"千岁柏"，成为天平山一宝。

三太师祠外

三太师祠内

　　三太师祠内后方塑玻璃钢彩绘三太师塑像：中龛塑范仲淹曾祖徐国公范梦龄像，左龛塑范仲淹祖父唐国公范赞时像，右龛塑范仲淹父亲周国公范墉像。三位都曾在江南一带为官，去世后均葬在天平山西麓，因而天平山也称范坟山。

康熙三十六年（1697），主奉范能濬设丽水府君专祠于此。康熙五十六年（1717），主奉范兴禾于文正公祠左右设土地诸贤祠。

墙上悬挂着范氏家族谱。范仲淹是唐朝宰相范履冰的后裔，他的高祖范隋为避战乱从陕西迁居苏州，去世后葬在天平山。史书上记载，春秋越国大夫范蠡、楚霸王项羽身边的谋士范增都与范仲淹同归一宗，范氏家族遍布海内外。

范氏六世摩崖

三太师祠外东侧有一摩崖刻石："淳熙甲辰九月旦日，范公瑞、王祖文来游，黄裕老住山师寿继至，弟公铎、公螯、子侄良史、良讣侍。"记的是南宋淳熙甲辰（1184）九月初一，范公瑞、王祖文来游玩，住山师黄裕的寿辰紧接着来了，范公瑞的弟弟范公铎、范公螯以及下一辈子侄范良史、范良讣在黄裕身旁陪着。范公瑞、范公铎、范公螯为范氏第五世，范良史、范良讣为范氏第六世。

三太师祠内有王西野撰对联："以范坟名山，后乐先忧承祖德；为秋游增色，碧云红叶谱新词。"忧国忧民，置个人逸乐于民乐之后，功勋卓著赐山，以范坟山称呼，继承祖先的功德；碧云红枫，灿烂如霞，为秋游增添风采，谱写出新的词章。

位于三太师祠庭院东侧的碑廊，为 1997 年重建三太师祠时增建，位于三太师祠庭院东侧，五开间，宽 20 米，进深 2.5 米，面西，卷棚顶，供碑 14 块，内容分为三类：

一类有关范氏义庄义田的记载，如宋《范义庄规矩》、元《义田记》，反映了范仲淹兴办义庄、义田赡养族人的义举及其对后世的影响；

一类为家书，即《范仲淹手札》等；

还有一类为苏州地区府学、书院的重修碑记。均按照苏州碑刻博物馆等地原碑进行翻刻。碑廊西靠墙处有南宋时摩崖石刻一块，高约 2 米，移至白云精舍东 50 米处。

碑廊

范仲淹纪念馆

为弘扬范仲淹"先忧后乐"精神，2005 年 7 月，在范文正公忠烈庙西侧建设范仲淹纪念馆，为庭院式厅堂布局，各建筑间由长廊连接，体现了宋代建筑风格。北厅外廊东、西两侧门洞分别有砖额"勤政""清廉"；中厅外廊东、西两侧门洞分别有砖额"先忧""后乐"；南厅外廊东、西两侧门洞分别有砖额"安贫""乐道"，都是对范仲淹思想的浓缩。

范仲淹纪念馆

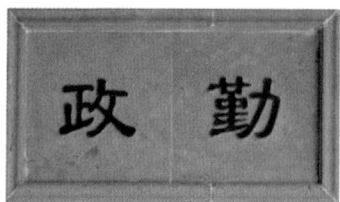

"勤政"砖额

"清廉"砖额

"先忧"砖额

"后乐"砖额

"安贫"砖额

"乐道"砖额

范仲淹纪念馆主要由 4 个展厅和长廊组成。

北厅为第一馆，正中伫立着一尊范仲淹半身铜像，铜像上方悬挂着南宋理学宗师朱熹亲笔题写的"第一流人物"匾额。范仲淹的威德绝识被公认为"当时诸公间第一品人"，"天下想望其风采"或"以不同贬为耻"，或"以不获登门为耻"。王安石尊他为"一世之师"，苏轼赞他为"人杰"，黄庭坚称其为"当代第一人"。铜像后的屏风上木刻米芾所书范仲淹《岳阳楼记》。展厅中陈列有两座建筑模型，东侧是以《范氏家乘》记载的木刻义庄图为蓝本制作的范氏义庄模型。西侧是按照宋代平江图碑制作的苏州府学模型。义庄是宗族所办，用于周济族人的机构，以义田收租赡养族人之贫困者，以房屋提供给无力置房的族人居住，还有义学可以给族中贫寒子弟以学习的机会。义庄是范仲淹第一个创办的，范氏义庄即最早的宗族义庄，是我国史料记载的第一个非宗教性民间慈善组织，堪称中国慈善史上的典范。苏州府学，为范仲淹所创建，他将孔庙和学府建在一起，简称"庙学合一"，这是其独创。苏州府学号称"江南诸学之冠""苏学天下第一"。苏州读书风气很盛，出了许多人才，这与范仲淹创办府学有很大的关系。

第一馆

中厅为第二馆，重点介绍范仲淹一生的功绩。展馆正中的巨大模型，是根据《万笏朝天图》天平山部分制作的，展现了乾隆南巡到了天平山时的场景。展厅东西墙上有范仲淹"兴修水利造福苏州""边陲御夏""庆历新政十项政治改革主张"等生平撮要和事迹。两边展柜里面陈列着丰富的文献和图片资料。

第二馆

南厅为第三馆，展现范氏的家风、家学、家德、家训、家传等。宋释文莹《湘山野录》："范仲淹少贫，读书长白山僧舍，作粥一器，经宿遂凝，以刀划为四块，早晚取两块，断齑（jī）数十茎啖之，如此者三年。"范仲淹从小在北方长大，读书于长白山醴泉寺时，他每天熬一盆粥，待凝结后划为四块，早晚各食两块，断齑数茎，加盐食之，后总结出"划粥断齑"（亦称断齑画粥）的成语。"希文断齑画粥，而有先忧后乐之志"（清冯桂芬《潘绂庭京卿五十寿序》），有志者事竟成。

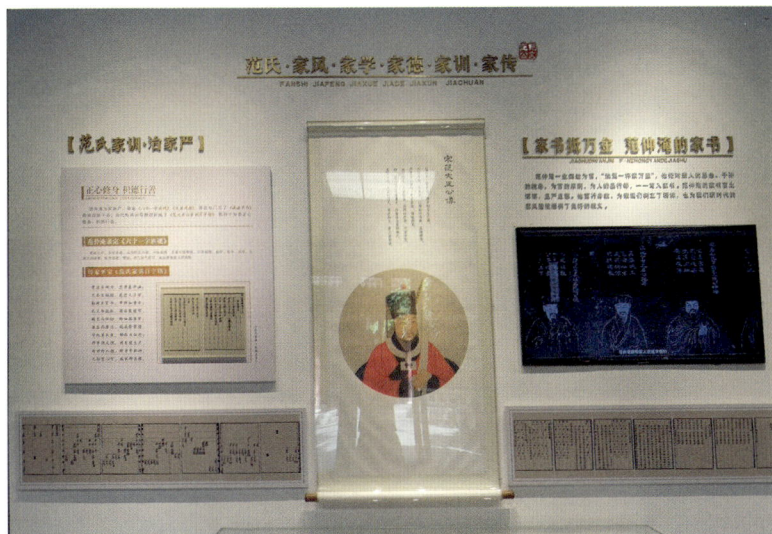

第三馆

范仲淹一生不忘节俭，治家尤其严谨，亲定《六十一字族规》，并专门写《教子家书》教育自家子弟。后代依其训导整理形成了《范氏家训百字铭》，教导儿孙后代为人要正心修身、俭以养德，为官要谦逊、清廉。他不仅对家族成员影响深远，而且对苏州官场风气的影响也持续了近千年。

西侧附房为第四馆，展示《万笏朝天图》漆雕长卷和《高义园世宝》四册古籍。西侧长廊墙面配置了图文并茂的瓷板画，以连环画的形式展现范仲淹的一生。

御碑亭

　　御碑亭位于天平山白云古刹之南枫林中小土丘上，西北与忠烈庙相望。又名御书亭。亭始建于唐代，其间正值白居易出游归山隐居，便命名长生亭。此碑为乾隆游山时所建，因有乾隆御书碑刻而更名御碑亭。

　　亭双层八角重檐。八角重檐是皇家建筑规格，"八角"，有八面来风、八方来仪、八面通八风之意，同时又因形似八卦而与中国《易经》文化相呼应，象征着祥瑞之意；而木材用的是珍贵的金丝楠木，金丝楠木色泽淡雅匀称，纹理细腻美观，"水不能浸，蚁不能穴"，能历经岁月的侵蚀而不易变形，为古建材料之王，也为皇家建筑独享，凸显皇权的尊贵与神圣。石柱石座栏木梁架，飞檐高翘，造型雄浑稳重。御碑亭正中直立着一块高大的砚石御碑。石碑分碑座、碑身、碑帽三部分组成，连额、座高近3米，宽0.96米，碑帽高两尺，碑身正反面均雕刻有《二龙戏珠图》。碑基正面浮雕《双狮滚球图》，反面浮雕《鹤鹿松竹图》，"云龙"花边作框，线条流畅，龙须龙鳞刻画细腻。

御碑亭

碑额篆书"宸翰"。"宸翰"即帝王墨迹所在。碑身上"宸翰"二字表明这是帝王书迹，背面刻有"香山昔日对流泉，太守公堂一日闲。我自先忧天下者，岂能效彼乐斯间"。

高大的砚石御碑上，碑身正反面和两侧镌刻乾隆四次游天平四首五言诗：

碑阳：

> 文正本苏人，坟山祠宇新。
> 千秋传树业，一节美敦伦。
> 魏国真知己，夷维转后尘。
> 天平森翠笏，正色立朝身。

乾隆辛未春御题

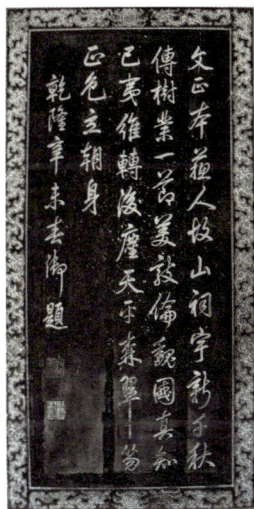

诗碑碑阳

碑阴：

> 蹬道下灵岩，名园寻高义。
> 霁烟敛寥廓，韶光鬯明媚。
> 载过文正祠，默读义田记。
> 春和对芷兰，复缅后乐志。
> 白云千载心，名山五经笥。
> 我自勤政人，流连未可恣。
> 乾惕意弥厪，智仁怀偶寄。

游高义园作　乾隆丁丑春二月御笔

诗碑碑阴

东侧：

> 七百余年地，天平尚范家。
> 林泉宁彼爱，景概致予嘉。
> 树即交让树，花为能忍花。
> 舜之徒是矣，循路喜无差。

庚子仲春月下游御题

西侧：

→ 名园弗一足，高义独称芎。岂不因行懿，宁惟擅景芳。

座陪梅馥佃，堤拂柳丝长。春色已如许，农工廑惧忙。

游高义园作，甲辰季春月之上游御笔

这些诗歌内容全是褒扬范公忠君爱民、先忧后乐精神的。清代皇帝如此热衷于推崇范仲淹，当然也含有对他个人品格的尊敬，但更多的还是留心在"士"和"民"中间培植忍辱负重、知足常乐等民族性格，把"先忧后乐"当作纯粹用来"教化良民"的"善谕"。

碑座两面雕双狮滚球、鹿（六）鹤（合）同春。狮子滚绣球是汉族传统吉祥图案。狮子本为佛国神兽，佛教中国化以后，为古代汉族人民心目中的瑞兽。绣球是用纺织品仿绣球花制作的圆球。俗传，雌雄二狮相戏时，它们的毛纠缠在一起，滚而成球，小狮子便从中产出。双狮滚绣球，被视为吉祥喜庆之物。六合是指天地四方（天地和东南西北），亦泛指天下。六合同春便是天下皆春，万物欣欣向荣。

在中国文化语境中，龙为"帝德"和"天威"的标记，凡是与帝王有关的御碑亭、丹墀（chí），都有龙的身影。御碑亭石台基南五级踏步正中丹墀雕双龙戏珠。《庄子》有："夫千金之珠，必在九重之渊而骊龙颔下。"《埤雅》言："龙珠在颔。"龙珠常藏在龙的口腔之中，适当的时候，龙会把它吐出来："凡珠有龙珠，龙所吐者……"（《述异记》卷上）珠，是水中某些软体动物在一定的外界条件刺激下，由贝壳内分泌并形成的圆形颗粒，光泽亮丽，因称珍珠。古人或许是将鳄卵、蛇卵视为"珠"，卵就是生命之源，则龙珠即龙卵；双龙戏珠，象征着雌雄双龙对生命的呵护、爱抚和尊重，体现和表达了古人的"生命意识"。一说起源来自中国天文学中的星球运行图，火珠是由月球演化来的。从西汉开始，双龙戏珠便成为一种吉祥喜庆的装饰图纹，多用于建筑彩画和高贵豪华的器皿装饰上。圆形的"珠"，两条龙则是上下对角排列，上为降龙，下为升龙。四周环绕着片片祥云，构成了一个正圆形的图案，建筑风格古朴庄重。

双龙戏珠丹墀

这座御碑亭，使天平山庄增添了几分北方皇家园林的气魄与豪迈。

御碑亭下有摩崖"御碑亭"石刻。

御碑亭摩崖

枫染山醉

御碑亭下的立石上范曾书摩崖"枫染山醉"，当枫叶染红的秋天，山似乎也沉醉了。

"枫染山醉"是对天平红枫的诗意表达。这片枫林的 380 余株幼苗，是范仲淹的第十七世孙范允临，于明万历年间（1573—1619）从福建带回的，至今已历 400 余年。天平红枫，学名枫香，叶呈三角状，一株株枫香粗壮挺拔，主干与 10 层楼房齐高，要两三人才能合抱。近些年来，天平山风景管理处又栽种了 2000 多棵"接班枫"，与古枫林形成一片蔚为壮观的枫林海洋。

枫染山醉摩崖

枫香树饱经风霜，姿态各异，或根部盘突，树干上生长着许多奇形怪状的"树瘤"；或枝干四展，构成幅幅图画。但依然生机勃勃、枝繁叶茂。且因为树龄不同，所处地势不同，枫红时节，树叶色彩变化先后不同，有深有浅，甚至出现绿丛中一株红。甚至在一棵树的大小枝叶上呈现出嫩黄、橙红、赭红、血牙红、深红等多层次色彩，似如鲜花争艳，为树冠之花，人称"五彩枫"。

"天平红枫甲天下"，天平红枫与北京香山、南京西霞山、长沙岳麓山并列为中国四大赏枫胜地。

天平山麓红霞缠绕、丹枫烂漫。慕名前来天平观枫赏景的游人如云。因而清代诗人顾莼有诗形容："丹枫烂漫锦妆成，要与春花斗眼明。虎阜横塘景萧瑟，游人多半在天平。"

天平红枫

范仲淹像

御碑亭北耸立着范仲淹的巨大塑像。2003年4月，范氏后裔范国强捐赠范仲淹铜铸立像一座，立于白云古刹前的枫林中。

范仲淹（989—1052），字希文，汉族，北宋著名的思想家、政治家、军事家、文学家。

范仲淹幼年丧父，因母亲改嫁长山朱氏，范仲淹遂改从朱姓，更名朱说。大中祥符八年（1015），范仲淹苦读及第，授广德军司理参军，迎母归养，改回本名。

范仲淹像

　　宋真宗天禧元年（1017），29 岁的范仲淹第一次来到苏州要求"归宗复姓"，遭到全族反对。南宋楼钥《范文正公年谱》中记载了这段经历："至姑苏，欲还范姓，而族人有难之者，公坚请，云：'止欲归本姓，他无所觊。'始许焉。"

　　后范仲淹历任兴化县令、秘阁校理、陈州通判、苏州知州等职，因秉公直言屡遭贬斥。康定元年（1040），与韩琦共同担任陕西经略安抚招讨副使，采取"屯田久守"方针，巩固西北边防。庆历三年（1043），出任参知政事，上疏《答手诏条陈十事》，提出十项改革措施。庆历五年（1045），新政受挫，范仲淹被贬出京，历任邠州、邓州、杭州、青州知州。皇祐四年（1052），改知颍州，范仲淹扶疾上任，行至徐州，与世长辞，享年 64 岁，谥号文正，世称范文正公。

　　范仲淹政绩卓著，文学成就突出，他倡导的"先天下之忧而忧，后天下之乐而乐"思想和仁人志士节操，对后世影响深远。

天平山庄·白云古刹区

本区依山面水，建筑群依天平山坡地势而建，包括原高义园、范参议祠（赐山旧庐）、寤言堂、鱼乐国、咒钵庵、来燕榭、芝房、十景塘、宛转桥、古枫林、白云古刹诸胜。既各自相对独立，又以廊庑相联，互相贯通，连成一个整体，迂回曲折，高低错落，绵亘一片。

明张岱《陶庵梦忆》曰："园外有长堤，桃柳曲桥，蟠曲湖面，桥尽抵园。园门故作低小，进门则长廊复壁，直达山麓。其绘楼幔阁，秘室曲房，故故匿之，不使人见也。"东有山溪汇于桃花涧，水光山色，风景优美。周围大片枫林，古木参天。

高义园景区

高义园牌坊

高义园牌坊矗立在天平山正南入口处，坊为白石雕刻，柱雕浮云，非常精美。"高义园"三字，是"乾隆十六年辛未三月十八日赐"题，取杜甫《奉和严中丞西城晚眺十韵》诗中"辞第输高义，观图忆古人"诗意，表彰范仲淹捐宅创立义庄，以养济族人，以及曾将俸禄五百斛麦子周济"三丧未葬，二女未适"的老友石曼卿等为国忘家的"云天高义"。

高义园牌坊

接驾亭

　　接驾亭在高义园牌坊北，乾隆四次临幸天平山，为迎接清乾隆皇帝车驾之亭。原亭在天平山的入口之处，今亭重建于1982年。

接驾亭

十景塘

　　接驾亭南面对方形水池，池中建四折长约 40 米的宛转桥，长石条铺设，两旁围以木栏，联结东、北两岸，原是连接天平山庄与外界的主通道。

　　十景塘，实际与十锦塘同，效仿的是杭州西湖之上的白沙堤，这条白沙堤在宋、明时期，堤上栽满桃花垂柳，花开时节，犹如锦绣十里，因而有了孤山路、十锦塘之名。白沙堤是唐代的名字，白居易任杭州刺史时，写了《钱塘湖春行》诗，称自己"最爱湖东行不足，绿杨阴里白沙堤"，写诗人最爱的湖东沙堤，诗人置身其间，饱览湖光山色之美，心旷而神怡，流露着喜悦轻松的心情。后人为纪念白居易，将此堤命名为白堤。

　　天平山的十景塘由山间倾泻下来的泉水汇聚而成，宽广的水域由一道长堤横亘其中，将湖水分割成东面的荷花池与西面的放生池，荷花池中有宛转桥盘旋水面。宛转桥既起到分割水面的作用，同时又方便游人登桥游览。据园林工作人员俞正阳介绍，"徜徉湖边，一年四季都有不同的景色，春季花红柳绿，夏季荷花盛开如铺霞簇锦，秋季有红枫映碧波，加上水中锦鲤成群，十景塘实际上与十锦塘同义，真是恰如其分，实至名归。"

十景塘

高义园

　　大门前对放生池，东西以院墙围成庭院，两侧辟圆洞门相对。内额题"智乐""仁寿"，"仁寿""知乐"为"仁者寿""知者乐"的缩语，见《论语·雍也》篇，谓仁人长寿，聪明的人快乐。

　　外额"泽被山林"，意为皇帝的恩泽遍及山林。因高义园与乾隆有关，故有此颂圣之词。院内近将军门处置"江苏省文物保护单位天平山庄"石碑一块。

泽被山林

高义园一组建筑是典型的礼式建筑，严格按照中轴对称布局，前后五进，依山而建，逐层升高，依次为大门、仪门、乐天楼、逍遥亭、正殿，纵深约 70 米，是苏州地区保存最为完整的乾隆南巡行宫。

《南巡盛典·名胜》中描绘的高义园图

大门汉白玉抱鼓石

大门为将军门，面阔三间，硬山顶，分隔成前后两厅，上有门簪，下置汉白玉拟日纹抱鼓石一对。汉白玉是中国优质石材之一，具有色白、质地细腻、硬度高等特点，建筑级别最高，在古代，汉白玉是只有皇家才能使用的石料。

东西次间墙上前后各有碑刻两块，记述民国时禁山事。大门两侧各附房一间，房南向各设窗 8 扇，东西山墙处也设窗。

大门

第二进为仪门，硬山式，有方形坤石一对，仪门前部有廊相连。

乐天楼是高义园第三进，二层楼，楼下为四面厅，回廊四环，正中悬挂着费新我书匾额"乐天楼"。白居易于唐宝历元年（825）任苏州刺史，次年因伤离任。相传他在任苏州任刺史期间，常来此山游览、下榻、读书，所以用他的字"乐天"来命名此楼。二层为四面敞通的厅阁，五间七架，四周是坐嵌半窗。现为接待室。

仪门

乐天楼又名藏书楼，旧称宸翰楼，曾经收藏乾隆帝几次游览天平山时所书匾额、楹联、诗歌手迹及石刻拓本。旁有顾廷龙书"御书楼"匾额。

1982年重建，重檐歇山式两层楼阁，上为四面栏窗的敞阁，下为回廊周匝的四面厅。鱼龙纹正脊，脊中正面团龙，背面泥塑"文王访贤"，讲的是周文王访贤遇姜尚（字子牙），姜太公渭水垂钓逢贤君的故事。周文王选贤任能、恭敬礼貌待人的优秀品德也得以永垂青史。

楼下四面厅抱柱上范玉琨的对联："万笏皆从平地起；一峰常插白云中。"盛称天平山石犹如百官上朝时手中所握的笏板，从平地上突兀而起；山顶上的那座卓笔峰仿佛永远插在白云里。天平山上的钟状岩花岗石，经过亿万年的风雨，大自然的鬼斧神工，形成"如扦如插"的林立峰石群，状如"万笏朝天"。山顶之"卓笔峰"，状似一支竖直的毛笔，直插云天，为天平之奇观。

厅内原为明代祝允明书"老树荫浓新雨后；空山寂静夜禅初"的对联，现为1983年程可达补书，有唐王维《山居秋暝》诗中"空山新雨后，天气晚来秋"的神韵。

乐天楼

乐天楼一层

窗夹《天平山红枫图》，1983年仲丹勋画，吴致木题字，两边窗芯纸分别为朱弟书范仲淹《天平山白云泉》诗：

灵泉在天半，狂波不能侵。
神蛟穴其中，渴虎不敢临。
隐照涵秋碧，泓然一勺深。
游润腾云飞，散作三日霖。
天造岂无意，神化安可寻。
挹之如醍醐，尽得清凉心。
闻之异丝竹，不含哀乐音。
月好群籁息，涓涓度前林。
子晋罢云笙，伯牙收玉琴。
徘徊不拟去，复发沧浪吟。
乃云尧汤岁，盈盈长若今。
万里江海源，千秋松桂阴。
兹焉如有价，北斗量黄金。

1983年程可达书宋苏舜钦《天平山》诗：

吴会括众山，戢戢不可数。
其间号天平，突兀为之主。
杰然镇西南，群岭争拱辅。
吾知造物意，必以屏大府。
清溪至其下，仰视势飞舞。
伟石如长人，聚立欲言语。
拥萝缘险磴，烂漫松竹古。
中腰有危亭，前对绀壁举。
石窦落玉泉，泠泠四时雨。

源生白云间，颜色若粉乳。
旱年或播洒，润可足九土。
奈何但泓澄，未为应龙取。
予方弃尘中，岩壑素自许。
盘桓择雄胜，至此快心膂。
庶得耳目清，终甘死于虎。

后夹程远书明高启《游天平山记》，言其游天平之乐，尤其是登山之乐。

清代乾隆皇帝南巡游览天平山时，曾在楼中休憩、读书、画画、翻阅藏书，所以又称"御书楼"。

御书楼悬对联："花树宛转清风透；霞石玲珑瑞气开。"描写花开满树，清风拂面，绚丽而又清幽，清风吹得满山飘着花香，十分宜人。写山石玲珑，在霞光的映照下，更显示出一种祥瑞之气。

游客们可以从东西两侧的楼梯上二楼，在这个音乐茶室里一面喝茶，一面眺望山景。

御书楼山墙上有渔樵问答的堆塑。

渔夫摇着小舟；樵夫肩扛柴火，两人互相问答。"渔樵问答"是流传久远的古琴名曲，是几千年文化的沉淀。曲谱最早见于明萧鸾撰《杏庄太音续谱》："古今兴废有若反掌，青山绿水则固无恙。千载得失是非，尽付渔樵一话而已。"近代《琴学初津》说此曲："曲意深长，神情洒脱，而山之巍巍，水之洋洋，斧伐之丁丁，橹声之欸乃，隐隐现于指下。迨至问答之段，令人有山林之想。"

"兴亡得失"这一千载厚重话题，被渔夫、樵夫的一席对话解构于无形，这才是乐曲的主旨所在。它反映的是一种隐逸之士对渔樵生活的向往，希望摆脱俗尘凡事的羁绊；深层意象是出世问玄，充满了超脱的意味。

御书楼的正脊和垂脊上有周文王访贤、双鹿与双鹤同春，又

渔夫

樵夫

文王访贤

双鹿同春

双鹤同春

合起来成为鹿（六）鹤（合）同春等堆塑。与御书楼的帝王身份相符合。

第四进为凌空高架的逍遥亭，地形抬高，凌空架于登山石阶之上，与乐天楼二层水平高度相当，互为对景。亭为歇山方形，左右出两翼若双阙，有重楼复阁之势。

"逍遥"取《诗经·白驹》："所谓伊人，於焉逍遥。"即优游自得，安闲自在，名利皆抛。宋洪迈《容斋三笔·琵琶亭诗》云："两公犹有累乎世，未能如乐天逍遥自得也。""以此收摄身心，屏绝嗜欲，可以寡过，可以养生，性命双修，逍遥自得。"（清夏敬渠《野叟曝言》第五九回）。亭额用文徵明用笔劲健，奔放自如的草书，与"逍遥"相得益彰。

逍遥亭正脊两侧堆塑着"陶渊明爱菊"和"林和靖爱菊"的脊饰，很有意味。

"陶渊明爱菊"是肩扛锄头的陶渊明与捧着一篮菊花的孩子，有"以菊为子"的寓意。菊花是中国传统名花，不仅有飘逸的清雅、多姿的外观、幽幽袭人的清香，而且具有"擢颖凌寒飙""秋霜不改条"的内质。其风姿神采成为温文尔雅的中华民族精神的

逍遥亭

象征。菊花也被视为国粹，自古受人喜爱。

"采菊东篱下，悠然见南山"（晋陶渊明《饮酒》其五），辞官归田后的陶渊明采菊东篱，在闲适与宁静中偶然抬起头看见南山，人与自然的和谐交融，达到了王国维所说的"不知何者为我，何者为物"的无我之境。陶渊明被戴上"隐逸之宗"的桂冠，菊花也被称为"花之隐逸者"。

南朝檀道鸾《续晋阳秋》载："陶潜九月九日无酒，于宅边东篱下菊丛中，摘盈把，坐其侧。未几，望见一白衣人至，乃刺史王弘送酒也，即便就酌而后归。"陶渊明的这种生命方式，已如一幅中国名画一样不朽，人们也把其当作一幅图画去惊赞（朱光潜《谈美书简：二种》）。菊花的品性，和陶渊明的人格交融为一。正如《红楼梦》中所咏："一从陶令平章后，千古高风说到今。"因此，菊花有"陶菊"之雅称，象征着陶渊明不为五斗米折腰的傲岸气骨。东篱为菊花圃的代称。"昔陶渊明种菊于东流县治，后因而县亦名菊"（清陈淏子《花镜》）。陶渊明与陶菊成为印在人们心灵的美的意象。

"林和靖爱梅"脊饰，手持拐杖的林和靖，身旁有枝干虬曲的梅花，怀里拥着笑吟吟天真可爱的孩子，象征他"以梅为子"的情怀。梅花的神清骨爽，娴静优雅，与遗世独立的隐士姿态颇为相契。宋时文人爱梅赏梅，蔚为风尚，文人雅客赏其醉人的风韵和独特的风姿；他们托梅寄志，以梅花在凄风苦雨中孤寂而顽强地开放，象征不改初衷的赤诚之心。林和靖住在杭州西湖的孤山，足不及市近二十年，不娶妻生子，唯在居室周围种梅养鹤，人称"妻梅子鹤"。他的诗作《山园小

陶渊明爱菊

林和靖爱梅

梅》："众芳摇落独暄妍，占尽风情向小园。疏影横斜水清浅，暗香浮动月黄昏。霜禽欲下先偷眼，粉蝶如知合断魂。幸有微吟可相狎，不须檀板共金樽"，成为咏梅绝唱。他的名字和梅联系在一起，死后人们立庙祭祀，称之为"逋仙"，庙中配祀"梅影夫人"。

逍遥亭上，南北都有通透的木栏，东西为墙。左右出两翼小阁。亭下石阶有幽邃如岩洞的石库门洞。正楷额题"中宪公祠"。"中宪公"是范瑶的父亲范弥勋，别号渔庄，朝廷曾赐予范弥勋"中宪"的官衔，范瑶因此给其父修的祠堂名"中宪公祠"。为建乾隆行宫，腾出原祠，此为存旧。

穿洞拾级而上，一回顾则有亭翼然，挑临深院，是山庄"宏

大"叙事格局中的收束轻灵之笔。门洞前有廊，与乐天楼相连。

自亭下石库门拾级而登，即为后院，院后部为单檐歇山顶螭吻脊的高义园正厅。正厅面阔三间，三面环廊，总宽 12 米，进深 8 架 6 米。

正中悬挂"高义园"三字横匾，为乾隆十六年（1751）弘历初游天平时所题，匾的四框有五龙相伴，故名"五龙伴匾"。

中宪公祠

高义园正厅

正中壁间嵌有两块乾隆御碑，刻有丁丑年（1757）春二月乾隆帝《题高义园》《游天平山十六韵》两首五言长诗诗碑两方，相传当年乾隆曾在这里休息。

《题高义园》：

纤磴下灵岩，天平秀迎目。即夷度溪町，菜黄春麦绿。
入松复里许，山庄清且淑。林泉迥明净，兰茝纷芳馥。
葱蒨入窗户，云烟润琴牍。午桥义何取，涞水乐非独。
经临望祠宇，徘徊慕高躅。文正之子孙，家风尔其勖。

《游天平山十六韵》：

吴会众山镇、天平万笏朝。飞来峰拔地，林立石干霄。
茶坞西邻近，支硎北户招。势连高景秀，气接太湖潮。
是日春方仲，行时兴倍饶。灵岩盘岭路，功德访云寮。
芳玉溪梅绽，柔金陌柳摇。行行见别墅，缓缓度横桥。
宛到前游处，闲看旧咏标。名园实潇洒，古迹半荒寥。
文正风犹在，梓桑泽未遥。小停憩闲馆，更进步层椒。

翠樾庇茂密，苍岩突兀峤。庵传远公法，泉溯白翁谣。
绝顶高无匹，三吴望里要。未称元气复，用是一心焦。

殿柱上有陈弈禧旧联："想子美高标水流云在；忆尧夫旷致月到风来。"遥想杜甫（字子美）往日之高风，他的《江亭》诗有"水流心不竞，云在意俱迟"句，悠悠不尽；回忆邵雍（字尧夫）旷达的情致，他的《清夜吟》诗有"月到天心处，风来水面时"诗句，清空无碍。

大殿上还有崔护撰书的对联："引清泉一勺注地，池小还容月；看奇峰万笏朝天，山高不碍云。"清池、明月、奇石、行云，组合成一幅山野夜景图。

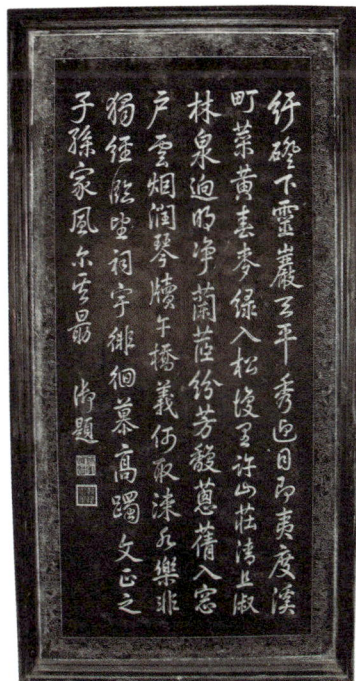

《题高义园》诗碑　　　　《游天平山十六韵》诗碑

此厅曾是乾隆帝南巡时设御座所在，其每次至天平都要在此驻跸憩息。

明间前设落地长窗6扇，次间前各5扇，次间后各隔一小室，左右山墙各辟二窗。两边窗芯纸印有古印章。堂内陈设清式家具一套。

庭院两边两厢房相对，三开间卷棚歇山式，面院为落地长窗6扇，房内置家具。院内古桂花一棵。

高义园东院中植梅十余棵，中有明代罗汉松一棵，高十余米，传为明代画家唐寅所植。

传为明唐寅手植罗汉松

恩纶亭假山
恩纶亭

　　乐天楼的两侧各有小院，聚泉成池，东曰"轻清"，西曰"重浊"。明程登吉《幼学琼林》："混沌初开，乾坤始奠。气之轻清上浮者为天，气之重浊下凝者为地。"在阴阳学说中"轻清"意为天和阳；"重浊"意为地和阴。配以葱郁的竹树，池南各有一小室，与乐天楼廊及南部回廊相连。

　　东院较大，山石曲水，极有意境，旧称山园。恩纶，言帝王降恩的诏书。《礼记·缁衣》："王言如丝，其出如纶。"宋苏轼《贺高阳王待制启》："伏审显奉恩纶，荣更帅阃（kǔn）。"

　　所以，门楼字额用了简朴的华带牌，门楼正脊甘蔗脊上鸱吻用了两只线形灵芝立纹，上下枋亦用如意纹雕饰两边，字额"恩纶"周边用云雷纹相环绕，东西兜肚线雕菊花、荷花。

恩纶亭字额

恩纶亭门楼背面字额"扬休"，出《礼记·玉藻》，主要记载古代帝王诸侯服饰、饮食、起居方面的一些制度，体现"衣冠之国"王朝的威严，更象征和承载着厚重的传统文化和内涵。"扬休"要求的是帝王容止："山立，时行，盛气颠实扬休，玉色。"郑玄注："盛声中之气，使之阗满，其息若阳气之体物也。"在日常的站立中要保持端正，如山一般地屹立，当行则行，显得浑身是劲，扬美于外，脸色温润如玉。

一卷棚歇山顶方亭立于池石中，名恩纶亭，旧亦名"御书亭"。清乾隆十年（1745），范仲淹第十八世孙山西大同知府范瑶为谢赐圣驾临幸而建，以示皇恩浩荡。今亭为1982年重建。

恩纶亭"扬休"字额

恩纶亭

亭内仁立着一块石碑，镌"雍正八年（1730）七月初一日，江苏巡抚尹绌奏范瑶捐金赡族。大学士张廷玉复奏。及敕谕旌奖文"，是江宁巡抚尹继善、大学士张廷玉关于表彰范瑶在雍正七年（1729）继承父亲遗志为义庄捐田千亩的上奏，以及朝廷的敕谕和旌文。

　　恩纶亭下是在真山之麓叠的假山，有岗阜也有峰峦，遵循就地取材的原则，假山石全部用产自天平、灵岩一带的"馒头石"堆叠而成，似乎信手堆掇，与天平山的自然地形相融为一，假作真时真亦假，自然天成。还巧妙地利用天平山自然地势的起伏，在假山当中营造出了一个自然流动的水系：山上的泉水在雨季会特别充沛，从山上倾泻下来，通过暗渠和明渠流入恩纶亭假山之中，假山里面有一个潭作为聚水池，潭水满了之后溢出，通过水涧往下流，经暗渠汇入到门外的十景塘中。这种真山与假山紧密结合的理水做法营造出了溪流潺潺的意境。

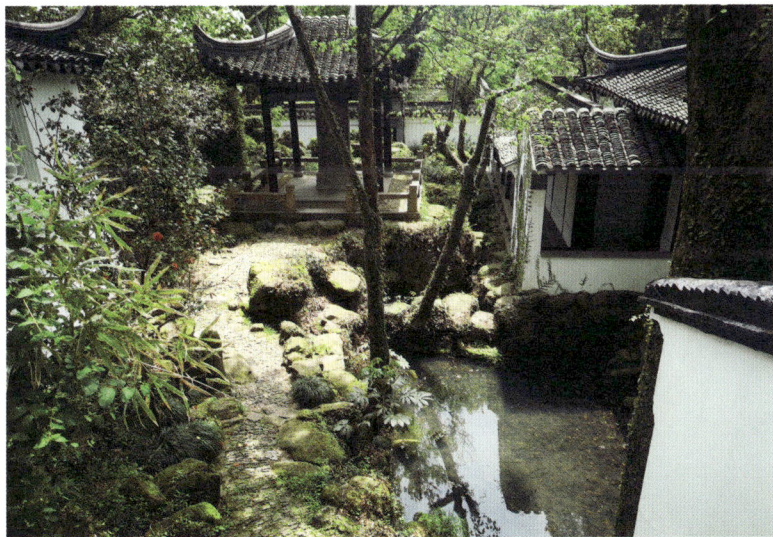

恩纶亭周

范参议公祠·赐山旧庐

范参议公祠

"范参议"指的是范仲淹的第十七世孙范允临。范允临告归后，捐田千亩，以助族人修葺庙祠之用，又筑天平山庄别业。族人感其德义，遂于康熙年间建范参议公祠。额即褒扬范参议。

祠位于高义园东。大门为将军门式，硬山式七架，下置抱鼓石一对，尚是明代遗物，雕有麒麟、芝花等，十分精美。门旁嵌民国十年（1921）《重修天平山范参议公祠记碑》，东山墙另嵌有碑，落款为乾隆十年（1745）范瑶恭记。

范参议公祠

过大门登级而上为仪门门楼，哺鸡脊，门楼上枋两端雕饰回纹与如意芝花纹组合，两侧兜肚为带叶的灵芝花。灵芝是多孔菌科真菌，确为中国传统草药，有保肝、促进免疫、益智、延年益寿等功效。秦汉时期，帝王追求长生不老，寻求不死之法时，方士和巫师们盛称，这是一种长在海中仙山上的"仙草"，具有驻颜不老、起死回生的神奇效果，因此备受推崇。所以这种草被称为灵芝或灵草。中间横额"丕承前烈"，指继承前人的功业。典出《周书·君牙》第二十七："丕承哉，武王烈！"言周武王功业之美，大可承奉，此谓范仲淹的功业之美，大可承奉。"丕"，即大。

范参议公祠门枕石 瑞兽
陈润熙 摄

范参议公祠门枕石 灵芝
陈润熙 摄

丕承前烈

仪门后为享堂，名岁寒堂，为祠内主厅，三开间，硬山式。正中悬当代吕凤子书"岁寒堂"匾。

据《木渎小志》记载：

→ "宋范仲淹岁寒堂前二松为君子树。赋诗云：'二松何年植，清风未尝息。天矫向庭户，双龙思霹雳。岂无桃李姿，贱彼非正色。岂无兰菊芳，贵此有清德。万木怨摇落，独如春山碧。乃知天地威，亦向岁寒惜。有声若江湖，有心若金璧。雅为君子树，对对每前席。或当应自然，化为补天石。'"

苏州有范仲淹先人故居，范仲淹重新修缮，为其西斋起名为"岁寒堂"，名堂前两棵松树为"君子树"，名松旁小阁为"松风阁"，作《岁寒堂三题》诗。在诗歌的小序中，范仲淹说："持松之清，远耻辱矣；执松之劲，无柔邪矣；禀松之色，义不变矣；扬松之声，名彰闻矣；有松之心，德可长矣。""化为补天石"，是松树的最终用途，更是范仲淹对自己的期许。所有的性格磨砺和道德完善，都是为了它的终极目标"补天"。厅旁种有松、竹、梅岁寒三友。

两侧小门有额行草体"承先""启后"，出东小门为曲廊，与高义园、寤言堂相通。左右前出为两厢房，后有两附房。

岁寒堂

芝房

范参议祠大门东侧有过道一间及山斋两间。因天平山庄内旧有建筑名"芝房"，今已不存，故沿袭其名，称斋为芝房。今南窗外即是十景塘，芝房门外正对十景塘上的石板木栏曲桥"宛转桥"，俗称"对桥书屋"。

斋中挂文徵明手迹行书集字匾"芝房"，指灵芝生成之房。灵芝，又有瑞芝、瑞草之称，为仙品。唐许敬宗《游清都观寻沈道士得清字》诗曰："蕙帐晨飙动，芝房夕露清。"

柱联集明沈周《睡起自遣》诗："屏心云气山开画；树里簷声雨满堂。"屏中似乎被云岚雾绕，青山如天开图画；满堂响着从树丛中、屋檐下传来的滴滴嗒嗒的雨声。一股山野清幽静谧之气扑面而来。雨声，既能以动衬静，创造出幽静的氛围；它又是天籁之音，静听天籁，可以洗脑静心、陶冶性情，以归依自然的方式，调节神经，驱除烦恼，宁心养神。

壁间原有唐寅的《古松图》，年久佚失，后补吴敔木的《松画图》，以复旧观。

过道处西墙嵌有清乾隆八年（1743）《范氏赐山旧庐记》石刻书条石两块。

芝房

寤言堂

　　寤言堂位于岁寒堂东，面阔五间，宽13.3米，中三间为堂，两梢间为夹室，四面环廊。堂名取晋王羲之《兰亭集序》中"寤言一室之内""放浪形骸之外"句意。此处旧为休养之所。堂前原有联："门前绿水飞奔下；屋里青山跳出来。"堂中悬范允临行楷旧额"寤言堂"。墙上挂国画《寤言不寐图》，现已佚。1994年辟"范仲淹在苏史料馆"时寤言堂为第二馆，陈列蜡像。

寤言堂

听莺阁

原为天平山庄明代旧构名，此仅沿用其名，旧构已新建（详后）。取唐韦应物"东方欲曙花溟溟，啼莺相唤亦可听"诗句意。天平山多黄莺，黄莺的鸣叫声悦耳动听，鸟语花香，使人神清目爽。此仅袭其名，位于鱼乐国上。亭柱卫东晨对联："鱼戏雁同乐；莺闲亦自来。"

听莺阁

鱼乐国

　　亭前方池中的游鱼在愉快地游动，给人以"鱼戏莲叶东，鱼戏莲叶西"的联想。鱼雁同乐，黄莺儿"闲"来无事，也不请自来凑个热闹。全联营造了鸢飞鱼跃、活泼泼的山野景象。

　　高义园主厅东院原有鱼乐国，为三开间建筑，已毁。现将来燕榭前深池命其名，取《庄子·秋水》中庄子和惠子濠梁问答的典故。"庄子与惠子游于濠梁之上。庄子曰：'鲦鱼出游从容，是鱼乐也。'惠子曰：'子非鱼，安知鱼之乐？'庄子曰：'子非我，安知我不知鱼之乐？'"表现了人们在观鱼时自由愉快的心态。

　　水池呈凹字形，四面石驳岸形成直立的池壁，北壁有额。池壁上绕以围廊。水面低平似深渊，鱼游其中。

鱼乐国

来燕榭

廊上有门楼字额"来燕榭",取宋代诗僧释斯值《题天竺岩栖山房》:"无风山自雨,有主燕还来"诗意,并将之作为对联。原诗表现了禅家的一种幽独、孤寂心理。和唐王维的《辛夷坞》同调,"读之身世两忘,万念皆寂"(明胡应麟《诗薮》),但也给人以无比清幽的美感。因天平山原有飞燕低徊之景,故取诗意。

来燕榭门楼

春天，这里有飞燕徘徊、燕声呢喃，更显山庄寂静。在中国文化中，燕子为"失落的太阳鸟"，凤凰之前的太阳神鸟；"燕燕于飞"之时，春到人间，民间视为春燕、春神、吉祥鸟；燕子喜欢双飞双栖，又成为爱情的象征："神柳栽柏春满户，春燕衔泥筑新屋"；燕子是天女的化身，是生殖崇拜的物象："人见白燕，主生贵女，故燕名天女。"（《本草纲目》）宋罗愿《尔雅翼·释鸟燕》："荆楚之俗，燕始来。睇夏小正二月燕乃睇有入室者，以双箸掷之，令有子。"殷商视燕子为其祖先："天命玄鸟，降而生商。"

门楼正脊略呈燕尾弧形，与岭南园林的屋脊相似，并以两燕形泥塑装饰正脊的垂脊，如飞燕般轻灵，内容与形式完美结合。

翻经台

"来燕榭"前平台下壁上摩崖"翻经台"。"翻经台",翻晒经卷之台,一称"晒经台"。台三面环水,绕以石栏,中有石桌。

翻经台

咒钵庵在寤言堂东，共三进。大门为石制门框板门两扇，门额楷体"咒钵庵"。《晋书·佛图澄传》记载了这样一则故事：石勒听说天竺的和尚佛图澄善于念神咒，能够差遣鬼神，就把他叫来，想试试他的道术。佛图澄于是让人取来了钵头，盛上水，然后烧香念咒语，一会儿，只见钵头中生出了青色的莲花，光色耀目。石勒因此十分相信这位天竺国的和尚。这里原来是学佛的地方，因此用这个故事来命名。

咒钵庵

范仲淹"断齑（jī）划粥"的故事发生在长白山醴（lǐ）泉寺，但苏州百姓喜欢将故事的地点放到这里。

进门有廊，西与寱言堂相通，东接面西附房，附房东西两向设窗。

咒钵庵第二进为三开间硬山式平房，明间前为落地长窗6扇，后有墙门，门上方有隶书砖刻"佛在者里"，意思是佛在心里，学佛、成佛应向心中求。东次间后墙上嵌正楷砖额"水石间"，东山墙有窗，窗外即为桃花涧。西次间前为长窗，有对联："胸次月临天宇净；豪端风鼓海涛飞。"

第三进也为三开间硬山式平房，为佛堂。明间前为落地长窗6扇，后隔墙悬仕女图，附行楷联："即色即香，美人身而说德；大慈大顾，恒河沙以为期。""色即是空，空即是色"，空即香，观音化美人身说德；大慈大悲，发愿不渡尽众生誓不成佛。"恒河沙"，佛教术语，比喻物质之多像恒河沙一样，出自《金刚经·无为福胜分第十一》。

佛在者里

佛堂

白云古刹·功德禅院

白云古刹

白云古刹位于天平山庄西，前身为始建于唐宝历二年（826）的白云庵，僧永安建，亦称"天平寺"。宋天圣年间（1023—1031），僧宝谛拓建。庆历四年（1044）范仲淹以祖茔（yíng）所在，奏请为范氏功德香火院，延请名僧法远开山住持。仁宗赵祯赐额"白云禅寺"。

元末寺院毁，明洪武重建，称"白云丛林"。清同治年间，主奉范学炳在白云丛林遗址重建"白云古刹"。民国期间，范厚甫重修白云寺大殿三楹，三门两庑等，结构宏整，复功德院旧观。

白云古刹

据民国时期《范氏家乘》记载，白云古刹有山门、无量寿佛阁、大殿、观音殿四进。现存山门及大殿为晚清时重建，东侧附属建筑称白云深处。

山门为石库门，木板门配饰铜铺首。顶部墙脊高突达 5.4 米，正脊中央蝙蝠倒垂，寓意幸福降至；哺鸡脊，饰有水草。门上方寺额"白云古刹"，款为庚申（1920）四月吴郁生书。

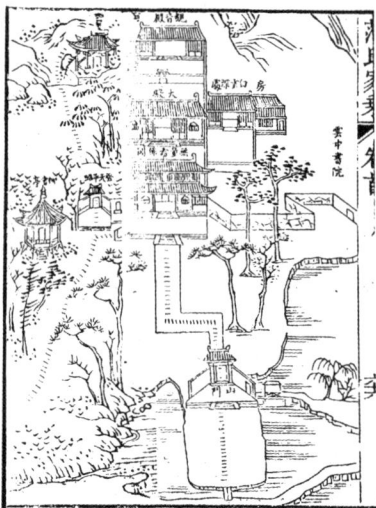

功德寺全图

门前一片冰裂纹铺地，似乎前临水面。寺庙香火旺，最怕火灾，水克火。

院北仪门石制框，木板门两扇，阳面砖额"有唐梵宇"。

因为是在墓园里的家庵，所以，台阶都为偶数，属于阴。

阴面字额为"功德禅院"。功德，泛指念佛、诵经、布施等事；禅院，佛教的寺院。

功德禅院是园林主人母亲参佛处，哺鸡脊门楼，两侧兜肚上点缀着荷（莲）花和兰花，清雅可人。

荷花呈成熟状态，为佛教的象征，佛教借荷花弘扬佛法。佛教以淤泥秽土比喻现实世界中的生死烦恼，以荷花比喻清净佛性。《华严经·探玄记》以荷花为喻，对真如佛性作如下描述："如荷花有四德，一香、二净、三柔软、四可爱，譬真如四德，谓常乐我净。"

"婀娜多姿碧叶长，风来难隐谷中香"，兰花被人们誉为"香祖"。兰花高洁自如的气质为人们所敬重，有"花中君子"之雅称。

有唐梵宇

功德禅院

兰花"不以无人而不芳"的美德，则更为人们所称颂。

进门天井北墙处有《天平山白云禅寺重兴碑》，明洪武十二年（1379）由著名的和尚、号永乐皇帝朱棣"乌衣宰相"的姚广孝撰；东墙有碑石三块，为《重修白云寺记》和《范弥隆移寿金修佛殿启》。

大殿为一组院落式建筑，坐北朝南，面对古枫林。硬山式水龙正脊，正脊中部有团龙堆塑，团龙内以龙纹设于圆，构成圆形的纹样，龙以团为稳。龙为东方之神，中华龙为喷水龙，团龙的圆边还装饰有水波、如意、草龙等修饰，保护木构架建筑。团龙纹饰源于唐代，明清两代只能用于宫廷或皇家园林的建筑装饰，因此，是等级最高的装饰图案，是权势、高贵、尊荣的象征，又有攘除灾难，带来吉祥的寓意。

背面为"凤穿牡丹"，在古代传说中，凤为鸟中之王，牡丹为花中之王，寓意富贵。凤与牡丹的结合，象征着美好、光明、富贵和幸福。

明间前后各为落地长窗 6 扇，左右侧间前为落地长窗 6 扇，后设矮墙及长窗各 6 扇。明间后隔墙正面为赵孟頫作《范仲淹理政》图文石刻，下有石台。背面木刻《苏州府学图》。

大殿青石台基，莲瓣绕联珠覆盆式柱础。莲瓣柱础是柱础中非常漂亮的一种，即在柱础的表面饰有仰莲式莲花，柱础呈盘状隆起，就像是倒置的盆，称覆盆式，是唐宋时期最为常见的柱础，可见为古物。

大殿上悬挂着"万笏揖师"的匾额：

笏，是大臣朝见天子时所执的狭长的手板。揖，即拱手行礼。"万笏揖师"，赞扬范仲淹的德行堪为万人师表，连山石也纷纷丛立，向其拱手行礼。这块云纹金匾下方石板上刻录的是由赵孟頫书写的《义田记》及范仲淹人物像。

大殿

万笏揖师

东西墙楠木屏刻着祝枝山草书范仲淹名作《岳阳楼记》；历代名士褒扬、拜谒范仲淹的诗作。

崔护书对联："俎豆重苏台，文章留胜地；功臣传华夏，忠爱数名流。"苏州对于崇奉、祭拜范仲淹甚是隆重，天平山至今留有范仲淹的文章；华夏大地传颂范仲淹为有功之臣，名士之辈称颂范仲淹的忠君爱国。

大殿两侧各有附房一间，宽4米，前后皆长窗6扇，附房内山墙及隔墙挂有山水画。

白云深处

　　大殿后为院落及院墙。大殿北侧设南北两院落，称"白云深处"。天平山一名白云山，红枫为其一绝，取唐杜牧《山行》："远上寒山石径斜，白云生处有人家，停车坐爱枫林晚，霜叶红于二月花"诗意。白云深处内，曾设唐白居易纪念馆，置白居易半身塑像。今已另作他用。

白云深处

范氏祖茔 ·
童梓门区

墓门碑

咒钵庵东有范坟墓门牌坊。

这里是范仲淹祖坟的古墓群。范仲淹原籍是陕西邠（bīn）州，是唐朝宰相范履冰的后代，范仲淹四世祖范隋于唐咸通十一年（870）出任处州丽水县丞，后因唐末中原战乱不能回去，范隋一族子孙来到苏州。所以，范隋墓处于显要位置，清乾隆七年（1742）立《范氏迁吴始祖唐柱国丽水府君墓门碑》于神道牌坊前。

范坟周围有石兽、石桥，青松翠柏，十分清幽。宋仁宗将天平山赐给了范仲淹，因此，天平山又称赐山，民间习惯称范坟山。

天平山庄东为范氏家族古墓葬区。从山庄东南侧牌坊起，分筑两条墓道，现有唐代范仲淹四世祖范隋、清代范仲淹第十八世孙范必英的墓葬以及石

范坟碑

墓门碑

牌坊、桃花涧、庆源桥、剑沙桥、石羊、石马、神道等历史遗存。

古代将从陵区正门开始，直至陵墓内部、坟茔之前的路称为"神道"。神道两边列有一些石像。这里遗存的石像是石马、石狮和石羊。骏马善于奔跑，又可为坐骑，石马上都有马鞍。被誉为"百兽之王"的狮子，是勇武、强大和吉祥的化身，也是墓园的守护神。下图这对石羊呈下跪姿势。羊，羊面从美，羊、祥谐音，有吉祥如意的象征。《汉书·南越志》记："尉佗之时，有五色羊，以为瑞。"可以看出，古代的"羊"，象征吉祥和祥瑞，羊性格温顺，羊羔有跪下接受母乳的感恩举动，象征着做子女的懂得孝顺父母。

天平山西麓原有范仲淹高、曾、祖三代先祖坟茔，民间称"三太师坟"，20世纪60年代被夷为平地。

根据史书记载，当年范仲淹的母亲谢太夫人去世后，但因范仲淹父亲早亡，母亲有改嫁经历，没有安葬在天平山，最后被葬在了洛阳伊川的万安山。根据范仲淹的好友欧阳修记载，范仲淹临终之际曾立下身后陪伴母亲墓侧的遗愿。范仲淹过世后，家人

石羊

文正公墓图

遵照其遗愿将他葬于谢太夫人之墓旁边。

范仲淹墓，北依万安山，南面曲河水，东临九龙山，西望龙门山。墓地分前后两域，前域为范仲淹及其母秦国太夫人、长子监溥公范纯佑墓，后域为次子范纯仁、三子范纯礼、四子范纯粹及后代之墓。

今伊川县在范仲淹墓园内建有范文正公祠，飨殿内塑范文正公 20 米金身坐像，上悬清光绪皇帝御笔"以道自任"匾额；范公祠前有建于清顺治年间的"高山仰止"石坊；并有欧阳修撰、大书法家王洙书"资政典学士户部侍郎文正范公神道碑铭"宋代石碑，碑额由宋仁宗亲篆"褒贤之碑"，记述了范仲淹的生平事迹。并架起景贤桥，建成范园广场，使这里成为爱国主义教育、廉政教育基地。

神道牌坊
丽水府
君墓
范必英墓

牌坊西面额："范氏迁吴始祖唐朝柱国丽水府君神道"，"迁吴始祖"指范隋。"唐朝""丽水"，指范隋在唐懿宗时调任浙江丽水县丞，携眷南迁，后因战乱"不克归"，举家定居苏州芝草营巷。"柱国"，指肩负国家重任的大臣。"府君"，是子孙对先世的敬称。"神道"是指墓前的开道。这座两柱云兴冲天式花岗石牌坊于雍正年间修建。

牌坊东面额："祥发中吴"。《诗经·商颂·长发》云："浚哲维商，长发其祥。""祥发"，即发见祯祥；"中吴"，为旧苏州府的别称。

"迁吴始祖"神道牌坊

祥发中吴

丽水府君墓

范必英墓

桃花涧印石斗鸭步

桃花涧位于在天平山庄东面，咒钵庵东山墙窗外，即张岱《陶庵梦忆》记范长白园中说的"山之左为桃源，峭壁回湍，桃花片片流出"的地方。那里有一道从天平山山间倾泻而下的清澈溪流，源源不断汇聚到此成为水池。范允临当年在溪流沿岸栽种了不少桃树，春天桃花盛开，"芳草鲜美，落英缤纷"，就像陶渊明《桃花源记》中描写的意境。

桃花涧

涧中有状如印章的巨石，刻"印石"二字，苍然如画。

石畔的浅滩"斗鸭步"，"步"同"埠"，指观看鸭子水中搏戏之处。相传起于汉初。《西京杂记》卷二载："鲁恭王好斗鸡鸭及鹅雁。"《三国志·吴志·陆逊传》："时建昌侯虑于堂前作斗鸭栏，颇施小巧。"

江南吴越一带的春天，盛行在"池畔花深"之处进行"斗鸭"的习俗。"斗鸭向春池"也是古代文人的风雅韵事。

印石

斗鸭步

明张岱《陶庵梦忆》里谈到"右孤山种梅千树",今山庄西南梅花一片,有"梅香"刻石,模仿的是宋"梅妻鹤子"的林和靖在西湖孤山植梅,据说共种了366株梅树,写下了"疏影横斜水清浅,暗香浮动月黄昏"的千古咏梅绝唱。

小孤山梅林

庆源桥

庆源桥应该是原古桥名，顾名思义，"庆"本义为表示送礼祝贺，因为只有美好的事物才值得人们庆贺，"庆"还引申指吉祥、幸福。源的本义指水源、源泉，引申指来源、根源。《周易·坤·文言》说："积善之家，必有余庆；积不善之家，必有余殃。"此言告诫人们要多做好事、善事，莫做坏事、恶事。放在墓区，也有追溯范氏祖先功业之意。

庆源桥

小兰亭

桃花涧以东，原是著名的"小兰亭"，明张岱《陶庵梦忆》："渡涧为小兰亭，茂林修竹，曲水流觞，件件有之。竹大如椽，明静娟洁，打磨滑泽如扇骨，是则兰亭所无也。"东晋王羲之等42人的兰亭雅集，曲水流觞、饮酒赋诗，开创了文人游园的先河，成为一大创举。大家散坐在蜿蜒曲折的溪水两旁，然后由书童将斟酒的羽觞放入澄澈的溪中，让其顺流而下，若觞在谁的面前停滞了，谁就得赋诗，若吟不出诗，则要罚酒三杯。后将37首诗汇成一集，由王羲之作序，孙绰作后序。王羲之挥毫泼墨写下《兰亭集序》，成为天下第一行书！这里有崇山峻岭，也有茂林修竹，可供文人雅士曲水流觞，展示了文人风采。

明代万历时，桃花涧周围遍种桃树、毛竹，堪称"茂林修竹"。新中国成立前后，当地百姓仍称涧南为毛竹园。

今山庄内仍有大片竹林。

颇似小兰亭

童梓门区

位于天平山东南山麓，东以饮马池与家墩山相隔，南北御道沟通。

童梓门

　　童梓门始建于清乾隆十六年（1751），是特为乾隆帝南巡游天平山时而建，依御道根据地形特点而设立的哨卡，又分东童梓门和西童梓门。东童梓门已毁。西童梓门在天平山东山脚，亦因其旁有观音山，取"童子拜观音"之意。1993年下半年，恢复童梓门门楼，为三开间七架，歇山卷棚式，下为门洞。1995年于门楼西建三开间硬山式七架房，并厕所等附房。同年建童梓门北侧二柱石碑坊。2006年又重修。

童梓门

南面门额："童梓门"，山岭、土地无草木为"童"；"梓"为"木王"，《尚书》以《梓材》名篇，云："桥者，父道也；梓者，子道也。"天子受命于天，以天下为家，以百姓为子民，御道所经之处哨卡之所在，以"童梓门"名之。又因天平山有观音塔，不远处即为支硎山，又名观音山，山有观音寺，寓意童子拜观音。

北面门额："天平在望"，天平山就在眼前。

童梓门额

天平在望

怀古亭

怀古亭位于乾隆御道东侧，亭为攒尖八角，浙江温岭砾岩材质，无正式命名，20世纪90年代初修复西童梓门时所建。亭址较高，登高望远，容易让人发思古之幽情，习惯称怀古亭，怀念天平山发生的历史事件、历史人物、历史陈迹。亭内有龙凤呈祥图案。

怀古亭

乾隆御道
饮马池

御道是当年地方官员专为迎乾隆御驾所筑的路，从西津桥经寒山岭，过童梓门直达天平山，现景区外御道已不存，天平山景区内顺山坡起伏而筑。2000年对东大门至童梓门段进行改造，长度420米。改造后御道宽3.2米，中间为石板道，两侧乱石路，条石筑边。

原御道一般用小青砖一块块竖着砌成四方图案和间方纹、套方纹、斗方纹等，这些图案是专用于铺设御道的，其寓意象征着"普天之下，莫非王土"的皇极观念，皇帝居有四方。"人"字形，是御

人字纹（皇道铺地）

天平山御道旧址

道的特点，因为皇上就是万人之上，所以在他脚下的这些砖就全部排成一个个"人"字，象征着皇帝"人上人"的至高无上的地位。

今仅存遗址。

在御道东侧有池，因清朝乾隆皇帝游玩天平山时将马放在该池塘边饮水作息，因此取名为饮马池。

饮马池

爱晚亭

爱晚亭位于御道北，20 世纪 80 年代所建，供游客小憩观景，亭为木构攒尖六角，虽然没法与长沙岳麓山的"爱晚亭"媲美，但有红枫相映，也颇有"停车坐爱枫林晚，霜叶红于二月花"的韵味。

爱晚亭

听莺阁

明代天平山庄有听莺阁，位于十景塘宛转桥东，印石池南，傍依咒钵庵前石坊，两层楼阁，久毁，仅存基础。2006年复建于原址东，御道北侧，坐西面东，为两层卷棚歇山顶。建筑面积84.5平方米。集文徵明"听莺阁"字为匾额。取唐韦应物"东方欲曙花溟溟，啼莺相唤亦可听"诗句意。黄鹂，也叫黄莺、仓庚。《诗经·豳风·七月》有："春日载阳，有鸣仓庚。"天平山多黄莺，黄莺的鸣叫声清脆婉转，带着一种清新、欢快之气，池上碧苔三四点，叶底黄鹂一两声，使人神清气爽。

听莺阁

东安亭

亭为四角攒尖顶，花岗石构件，无正式命名，习惯称东安亭，位于家墩山南坡，20 世纪 80 年代为禁止开山采石而建。

东安亭

117

登山道区

入口

白云古刹寺西即为刻有"登天平路"的门楼，进入此门，为上山主道。

门楼正脊略呈燕尾脊，哺鸡脊饰。上枋雕饰用三个菱形相互叠压组成方胜，方胜两两相套，两端饰如意状夔龙纹。"胜"本首

登天平路门楼

饰，因两相叠压相套，被赋予连绵不断的吉祥寓意，广泛用于男女首饰。方胜，传为西王母的发饰，因为戴胜的西王母是中国神话中的生命之神，掌管"不死之药"，能使人长寿，被视为长生不老的象征，其所戴的饰物也就有了吉祥之意。唐杜甫《人日》诗之二："樽前柏叶休随酒，胜里金花巧耐寒。"

字额"登天平路"，两侧兜肚左饰石榴，右饰寿桃，"石榴"本为佛教圣果，这里与寿桃一起，象征多子多寿。

下枋雕饰为双蝙蝠捧海棠花纹浮雕。海棠，誉为花中仙子，有花贵妃、花尊贵之美称。海棠花开，是春的象征，又与"玉堂"之"堂"谐音，故也有满堂春、阖家春的吉祥涵义。与双蝙蝠组合在一起，意为福运连绵，满堂幸福。

门楼阴面字额"万笏朝天"，天平山石为钾状岩花岗石，经过亿万年的风雨，大自然的鬼斧神工使之形成"千峰万峰如秉笏，峻峻嶒嶒相壁立"（明唐寅）的林立群峰。笏是古代君臣在朝廷所执

万笏朝天门楼

记事用的狭长板子，用玉、象牙或竹制成。突出世世做官之吉兆。

上枋正中蔓草舒卷，略成左右相对的双凤形；两侧夔龙纹镶嵌灵芝花纹组成如意头状，线条舒展，有凤来仪，寓长寿、如意等吉祥涵义。

中枋横额左饰寿桃，右饰石榴，象征多子多寿。门楼下枋与上枋图案类似，只是略简化了。

出门楼即为登山道。从山下至"一线天"称下白云，"一线天"至石屋为中白云，石屋至山顶为上白云。

明高启《游天平山记》：

→ 山多怪石，若卧若立，若博若噬，蟠拏撑住，不可名状。复有泉出乱石间，曰白云泉，线脉萦络，下坠于沼；举瓢酌尝，味极甘泠。泉上有亭，名与泉同。草木秀润，可荫可息。过此，则峰回磴盘，十步一折，委曲而上，至于龙门。两崖并峙，若合而通，窄险深黑，过者侧足。又其上有石屋二：大可坐十人，小可坐六七人，皆石穴空洞，广石覆之如屋。既入，则懔然若将压者，遂相引以去，至此，盖始及山之半矣。

……益上，觉石益怪，径益狭，山之景益奇……其上始平旷，坦石为地，拂石以坐，则见山之云浮浮，天之风飂飂，太湖之水渺乎其悠悠。予超乎若举，泊乎若休，然后知山之不负于兹游也……

下白云区

该区域的主要建筑分布在上山道左右。进『登天平路』门楼就走上了下白云的道路。一路上，奇石琳琅满目。

更衣亭

更衣亭在上山路起始段东侧，平面圭形六角亭，石柱木结构顶架，南北两侧石栏通道，其他四边砖细坐槛，青砖铺地。相传因乾隆帝曾在此更衣而名。旁有篆体"更衣亭"石刻。现亭中央有青石碑帽、碑座残存。亭东侧草丛中原有断裂的诗碑，为乾隆御碑碑身。此断碑后移立于高义园厅堂内。

更衣亭

鹦鹉石
（三阶阪）

　　大石形似蹲踞的大鸟，头上弯曲，形如鹦鹉的鸟喙，伸向蹬道，两翅向后伸展。故以其形象名之石刻"青春鹦鹉"。

　　鹦鹉栖息在林中树枝上，自筑巢或以树洞为巢。食浆果、坚果、种子、花蜜，深山鹦鹉还喜食昆虫、螃蟹、腐肉等。

　　鹦鹉善于学习，聪明伶俐，是鸟类中的"表演艺术家"，也是人们最好的伙伴和朋友，"色白还应及雪衣，嘴红毛绿语仍奇"（唐来鹄《鹦鹉》），也深受文人骚客的喜爱。

　　石壁上有摩崖，刻小诗一首，为咸丰癸丑上巳平湖王均梦所题，诗歌全文为："我家鹦鹉湖，来寻鹦鹉石。湖遗鹦鹉石，山留鹦鹉迹。"

青春鹦鹉

125

鹦鹉嘴石

　　自鹦鹉石到云泉精舍，走九步却要转三个弯，故名"九步三弯"，亦称"三陟阪"。鹦鹉石旁还有钟形石、桃形双石，摩崖"石钟""双桃"。

经幢

　　石质瓜棱形的经幢（chuáng），位于云泉品舍西面山路旁、旧白云亭遗址下方，为清代范瑶建。"幢"是梵名"驮缚若"的译名，原是中国古代仪仗中的旌幡，丝帛制成的伞盖状物，顶装如意宝珠，下有长杆，又称幢幡。安于佛前以纪功德和镇邪。初唐时期，为耐久计，开始用石刻模拟丝帛的幢。其形制体现出佛幢与塔及传统石柱等建筑形式的结合，生动地反映了中国固有文化与外来文化的融合过程。

　　这座经幢自下而上由六角基座、八角柱、盘盖、八角短柱、顶盖五段组合而成，高约7米，上刻"加句灵验佛顶尊胜陀罗尼咒"，传是宋代古物。石幢有三层石盘，人们往其中扔铜板，掷于顶层，可得钱报；掷于中层，可得子报；掷于下层，可得女报，故又传石幢是"三报塔""子孙塔"。

石经幢

127

　　石幢下方隶书石刻额："云中塔。"青石立于岩上，直上云霄；山名白云，塔自然为云中塔，且与周边白云泉、白云精舍诸景相呼应。

云中塔

云泉精舍

白云泉

云泉精舍位于白云泉（俗名钵盂泉）南岸，为一组粉墙黛瓦的单层建筑联结而成。被誉为"吴中第一水"的白云泉就藏在白云精舍里头。

云泉精舍建于清乾隆年间，有轩、廊、阁多处，轩名"如是"，依山而建阁，三面凌空，名"兼山阁"。彼时，阁下有水，上有白云，阁中对联这样描写道："池浅能容月；山高不碍云"。

云泉精舍

現在已经改建为白云泉茶室。茶室南是一个露台，可以靠着栏杆，欣赏鸟语花香，呼吸山中冷气，也可以坐在这里，喝茶赏景，享受生活。

云泉精舍初名云泉庵，亦称远公庵。为北宋庆历四年（1044）应范仲淹之邀来天平山主持白云庵功德香火院的名僧法远所建，元末毁，明永乐间再建，天顺间又毁。万历初，范仲淹十六世孙范惟一、范惟丕重建。至清初又废，仅存破屋两楹。乾隆三年（1738），范瑶再次重建，李果作《补筑白云亭记》，改名云泉精舍。此后，清至民国又几经重修。后因白蚁危害，于1969年拆除，改建成现代式样茶室。1990年重建为仿古建筑形式。今称之为白云泉茶室。

入口面西，隔出小室依山而建，小室南为曲廊，连接云泉精舍主建筑。主厅为面南四开间，宽14米，进深七架9米，硬山卷棚顶，分为南北两部，北有船篷轩。东西两翼各有小阁，为两开间，西为歇山卷棚式，东为硬山卷棚式。再东紧靠小阁另有面东小阁一间，歇山卷棚式，三面通透。主厅东部和东小阁下，依托山势，建成奥室，东另有附房，以廊相连。

"白云泉"，因天平山又名白云山，故名。白云泉水清澈透明、醇厚甘洌，胜过唐陆羽所品评的天下三泉，故名"吴中第一水"。泉为裂隙泉，泉水从峭壁上的石头裂缝中流出，像线一样，汩汩不绝，"暗萦芳草青烟湿，细缠幽花碧藓凉"，所以名之为"一线泉"。"灵泉飞涌落仙源，犹共闲云一色连"，寺僧用竹管将水导入石盂，溢出的水又泻入池中，所以又称它为"钵盂泉"。

清末吴荫培撰书的对联："万笏穿云藏翠坞；一盂浸月散珠泉。"如万笏朝天般的石林穿进白色的云层，但又藏身于翠绿的山坞中。写出了白云泉所处的地理环境，美丽而又清幽。对句写明月倒映在泉水中，奔泻而下的泉水犹如散落的白色珍珠，月光朗照下的白云泉，更具有迷人的魅力。

白云泉

　　据传，此泉为白居易在苏州任刺史时所发现，并写了《白云泉》诗："天平山上白云泉，云本无心水自闲。何必奔冲下山去，更添波浪向人间。"这是一首颇具哲理的小诗。"云本无心"，出陶渊明《归园田居》诗中"云无心以出岫"句，水在悠悠地流淌，"无心""自闲"，本来都是对人精神的一种描述，这里显然是对"云水"的拟人化，象征着自由自在的心态。后两句在实景描写中，寄寓了作者更深的意蕴：在山中"闲"，现在却要舍此而奔冲下山，使本已经不平静的人间世，又增添了波浪，增添了不平静，为什么？与杜甫《佳人》诗中的"在山泉清，出山泉浊"同调。反映了作者对出世与入世的态度，看来，作者对山野、隐逸生活情之所钟。苏州书法家费新我左手书，摩崖在巨石上。

　　泉以人贵，白云泉名声大振。

　　北宋景祐年间，爱茶、懂茶的范仲淹出任苏州知州，当地乡绅陈纯臣写了一篇《与范仲淹荐白云泉书》，向他介绍用白云泉煮茶的妙处。

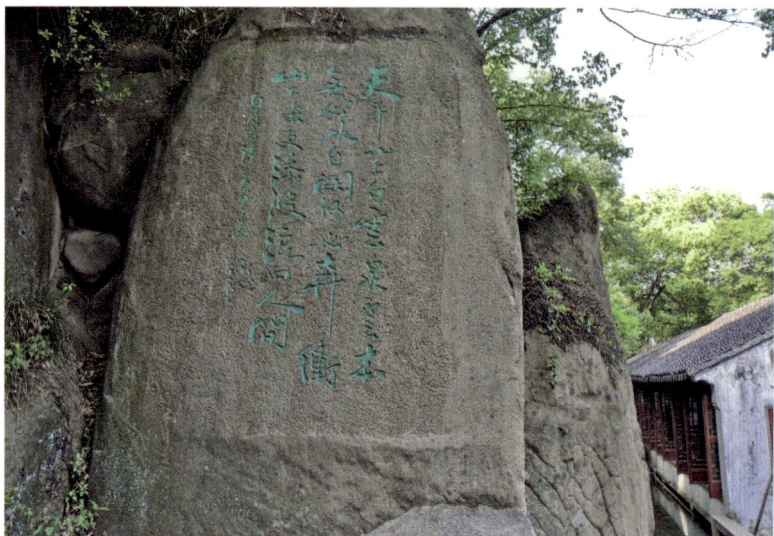

白居易《白云泉》诗摩崖

范仲淹也作了《天平山白云泉》诗：

灵泉在天半，狂波不能侵。

神蛟穴其中，渴虎不敢临。

隐照涵秋碧，泓然一勺深。

游润腾云飞，散作三日霖。

天造岂无意，神化安可寻。

挹之如醍醐，尽得清凉心。

闻之异丝竹，不含哀乐音。

月好群籁息，涓涓度前林。

子晋罢云笙，伯牙收玉琴。

徘徊不拟去，复发沧浪吟。

乃云尧汤岁，盈盈长若今。

万里江海源，千秋松桂阴。

兹焉如有价，北斗量黄金。

宋周必大《游天平山记》说："白云泉名在水品，其色凝白，盖乳泉也。"明高启也称"线脉萦络，下坠于沼；举瓢酌尝，味极甘泠"（《游天平山记》）。后之题咏者甚众，泉名更彰。

元代，高僧来复禅师常来白云泉边的云泉庵汲泉煮茗，至正二十五年（1365）倪云林到天平山看望这位禅友，一连盘桓数日。写下《题龙门茶屋图》诗："龙门秋月影，茶屋白云泉。不与世人赏，瑶草自年年。上有天池水，松风舞沦涟。何当蹑飞凫，去采池中莲。"

因汇泉入池，养鱼其中，以"庄惠濠梁问答"为题，在池壁上刻有"鱼乐"两字。

后人为了纪念白居易，在泉旁崖壁上镌刻了白居易的像，称为"仙人影"。

今石旁有书法家曹志桂的行草题诗："清秋气爽胜三春，更欲白云泉引伸。震泽天平当水墨，龙蛇竞笔舞乾坤。"

仙人影

穿云洞

　　云泉精舍上方约 50 米处的石壁上写着篆体"穿云洞"三个大字，旁边题字为"云中守范瑶题石"，在云泉精舍中即可见。"穿云洞"，本名"穿山洞"，危石垒叠出上洞和下洞，由于洞四面皆通，白云可以从山穴穿出，云中守范瑶易名"穿云"，并摩崖以书。

白云亭 青峰亭

青峰亭在龙门下，依峭壁而建。亭东云泉精舍入口处原有白云亭，又名半山亭，传为白居易所建，早已毁废。乾隆时范瑶重建，并作《白云亭记》，后又毁。1954年整修天平山建筑时，以遗留的残存构件在近旁重建，取名青峰亭。青峰亭平面六角，形如梭子，故俗称"梭子亭"。亭边有形似春笋的"玉笋石"和形似玉琢屏风的"护山石"。今有"玉笋"石刻摩崖。

青峰亭

　　1980 年重修时，由谢孝思手书行草联"高树乌啼青嶂里；半山泉响白云中"刻于面北石柱之上，亭下方有"青峰亭"石刻。

　　现白云亭故址基础尚在，并有乾隆御诗《白云泉五叠白乐天韵》残碑，旁有碑帽、碑座，残碑现移立于高义园厅堂内。在东侧石壁上，有"白云亭"篆体石刻。

白云亭摩崖

观音塔

塔下岩石上摩崖一个大大的"佛"字，即无量光、无量觉、无量寿。"佛"边摩崖"傓摩阿弥陀佛"，即"南无阿弥陀佛"。"傓摩"，亦作"南无""南膜"，皈命、接受之意，表示对佛法僧三宝的皈敬。"阿"是无量光；"弥"是无量觉；"陀"是无量寿；"阿弥陀佛"即"无量寿佛""无量光佛"，是西方极乐世界的教主。佛教净土宗的"六字洪名"，专念此名，临命终时可往生极乐世界。

"岫云"，从山穴里飘浮出来的白云，是不拘束、自由自在的意思。取陶渊明诗"云无心以出岫"句意。传为苏东坡为天平山寺僧书写。

观音塔

龙门一线天

龙门一线天

白云亭西，只见"天开一罅通"，两石相对峙，神工自开辟，双崖壁立，相对如门，称为"龙门"，拟之为大禹所凿的河津龙门。两峰仄缝中有29级石梯，逶迤如波浪状，可以侧着身子小心地走上去，十分惊险和神奇。

入龙门，两崖犹如两条平行的直线，向高处伸去，越向高处，越近重合，以至在崖下仰视，只能看到一线青天，故又名"一线天"。这是一种视觉感受，明潘问奇《金棺峡》诗中描写悬崖之陡峭、险峻和峡谷的幽深时说："地拔双崖起，天余一线青。"与此同样给人以强烈的突兀感。

　　倪云林曾为来复禅师画了一幅《龙门独步图》。晚明文人李日华在《六研斋笔记》中写道："倪元镇《龙门独步图》为复庵（来复）和尚写，山轮廓颇巨，用笔极细，墨法亦澹。一松轩仰，一栎傍之。而当路隅一僧昂然行其下。"

　　过龙门，就见"万笏朝天"的石头林了。巨石摩崖清光绪丁亥，王绶章次宣题的诗："一峰复一峰，峰峰作笏立。石与人穹然，万古并嶪（yè）岌。"描写了一峰接一峰，峰峰作笏板样站立着；范仲淹与山石一样高峻，其功业彪炳，和奇石一起流传万世。

倪云林《龙门独步图》（清代潘恭寿临摹本）

五丈石

龙门临悬崖外有一块名"五丈石"的巨石，内侧有一道上下相连，数尺长，宽仅寸许的天然裂缝，亦为奇观，明高启《五丈石》诗咏之曰："势危撑月堕，影瘦倚云平。仿佛华峰开，莲花一半生。"

五丈石

飞来峰

摩崖"飞来石",宛若飞自天外之石。此峰高2丈6尺,重约50吨,上尖下平,前临崖谷,稍稍附着在磐石上,若即若离,宛若飞自天外。明高启《飞来峰》诗云:"风吹峨眉云,来依此山住。我来不敢登,只恐还飞去。"传说一云游高僧见此石后,说曾在四川峨眉山见过,看来此石是从那里飞来的。

杭州灵隐寺有飞来峰,又名灵鹫峰,山体由石灰岩构成。其一相传1600多年前印度僧人慧理来杭州,看到此峰惊奇地说:"此乃天竺国灵鹫山之小岭,不知何以飞来?"因此称为飞来峰。"飞来石",令人产生联想。

飞来峰

141

望枫台
半山亭

天平红枫，是山景之一绝。树叶平时翠绿，但到了秋天，尤其是霜冻之后，叶子就慢慢地由翠绿色变为艳丽的红色。"霜叶红于二月花"，在此俯瞰山下，一片烂漫，"冒霜叶赤，颜色鲜明；夕阳在山，纵目一望，仿佛珊瑚灼海"（《清嘉录》卷十）。如范坟前的"大枫九枝，非花斗妆，不争春色"，俗称"九枝红"，霜后吐霞喷火，蔚为奇观。

望枫台是眺望天平红枫之台。旧时这里有"半山亭"，山半构危亭，峰峦四面青，是欣赏天平红枫的绝佳之处。"高树鸟啼青嶂里；半山泉响白云中"，鸟儿在高树上鸣叫，苍翠的树木，使山峰成为青色的屏障；半山腰的白云泉，哗哗的泉水声响遏白云。"灵泉在天半，狂波不能侵"（宋范仲淹《天平山白云泉》）。

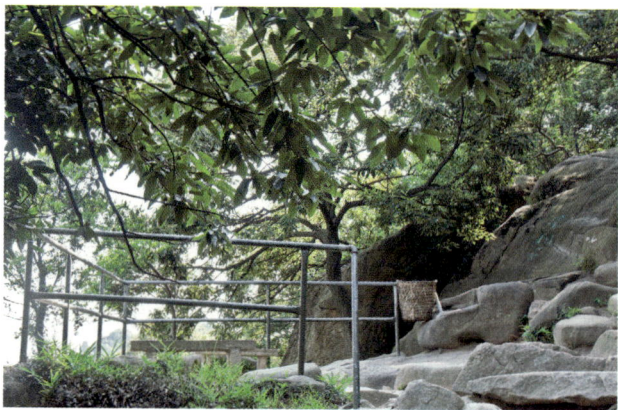

望枫台

回音谷 宴坐石

回音谷，能传出回声的山谷。声波在传播过程中，碰到大的反射面（如建筑物的墙壁、大山里面等），在界面将发生反射，人们把能够与原声区分开的反射声波叫作回声。此处除有"回音谷"巨石摩崖外，还有镌刻着"常随佛学"的巨石，恒常追随佛陀学习，"常随佛学"乃普贤菩萨十大行愿之一。《大方广佛华严经普贤行愿品》云："普贤菩萨摩诃萨，称赞如来胜功德已，告诸菩萨及善财言：'善男子！如来功德，假使十方一切诸佛，经不可说不可说佛刹极微尘数劫，相续演说，不可穷尽！若欲成就此功德门，应修十种广大行愿。何等为十？一者、礼敬诸佛。二者、称赞如来。三者、广修供养。四者、忏悔业障。五者、随喜功德。六者、请转法轮。七者、请佛住世。八者、常随佛学。九者、恒顺众生。

回音谷

十者、普皆回向。'"

摩崖"宴坐",位于回音谷中,闲坐、静坐之意,传为乾隆御题。巨石形如印章,端坐于磐石之上,寂静安详。佛家也常以"宴坐"指坐禅。《维摩诘所说经·弟子品》云:"夫宴坐者,不于三界现身意,是为宴坐。"《楞伽阿跋多罗宝经·一切佛语心品之一》曰:"最胜无边,善根成熟,离自心现妄想虚伪,宴坐山林,下中上修,能见自心妄想流注。"宴坐石边上有石摩崖"雨华","雨华"即"雨花",佛祖说法,天雨众花之意。

宴坐石

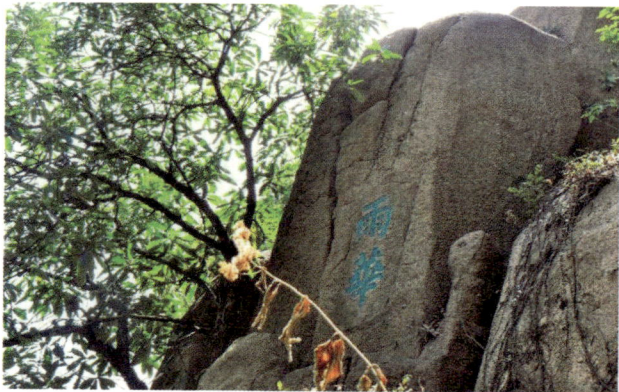

雨华石

中白云亭

该区以山林自然风光为主，原建筑大部废毁，现仅存一座中白云亭。亭址原曾有三开间观音殿，建造年代无考。殿额题"慈云无尽"，道光乙酉（1825）徐伦立，染香学人江沅篆。亭后有卓锡泉，以锡杖（禅杖）卓石，泉水涌出，因名，与佛教相关联。

现亭为 20 世纪 80 年代初重建，四角砖木结构，高 5.8 米，作游客休憩之用。

中白云亭

小石屋

小石屋是个可容六七人的石穴空洞，三面壁立，上覆盖大石，俨如屋子，因名。另上白云有大石屋，又名"白云洞"，也是三面壁立，上覆盖二大石，可容数十人。明高启有《大小石屋》诗云："双崖立幽关，一洞开深宇。青嶂近为邻，白云闲作主。不受杜陵风，可避河朔暑。华栋几回新，渠渠独千古。"

小石屋

奇龙石
卧龙石
石象石
一叶舟石
仙人履石
剪刀峰石

奇峰

奇峰石背面"飞来"二字

在中白云亭下，有石附于岩石上而经久不倒，上书"奇峰"，石的背面，在其所立之石的上部有楷书"飞来"，海风吹海石，来堕翠崖前。借问飞来日，如今有几年？奇峰与飞来峰一小一大，都是飞来的，相互呼应。

奇峰也有对中白云区域内各种奇石总称之意：好像龙头之"龙头"石、似困龙的"卧龙"石、形如大象的"石象"石、"一叶扁舟载雪月"的"一叶舟"石，另有"仙人履"石、剪刀峰石等，皆以形似为名。

龙头石，据说是唐代"柳毅传书"故事中

小龙女的丈夫泾河小龙的头。东海龙王小龙女嫁给泾河小龙为妻子，受到虐待，她在河边牧羊的时候，碰到考试落第的书生柳毅，托他传书给自己父亲老龙王，小龙女的叔叔钱塘君威猛正直、情性躁烈，听到后震怒，与泾河小龙大战于洞庭之滨，小龙的头被钱塘君砍落在山上，变成了这块石头，山头也被扫平了。仔细看看这块龙头石，还有一脸的懊恼相呢。

龙头石

卧龙石

石象

一叶舟石

仙人履石

剪刀峰（又名笔架峰）

一砚泉

笔架峰附近石壁下有一池，长二尺多，宽一尺余，深不盈尺，形似巨砚，因名"一砚泉"。泉水汇聚砚一方，清澈晶莹。

一砚泉

卓笔峰

卓笔峰

　　有了搁笔用的架子和砚台，自然少不了笔。这是天平山上最奇特的大岩石，有三四丈高，石身滚圆，可五人围抱，上尖下粗，耸立在双石之上，特别像一支卓然直立的毛笔，催人联想："巨灵挽健笔，何年掷空山？倒蘸银河水，横书五云笺。荡荡天宇宽，寥寥千万年。尘事不足记，特立寒山巅。"

鳌鱼石

鳌鱼石，传为观音坐骑点化成石。民间有俗说，十步之遥能掷石子于鳌鱼石上而不坠落者，来日可独占鳌头。科举时代，进士中状元后，立在殿阶中浮雕巨鳌头上迎榜，因此称状元为"独占鳌头"。后泛称在竞争中夺得首位。

鳌鱼石

紫薇林

紫薇花期长、花姿美，身份尊贵。唐开元元年（713），因中书省中种植紫薇花又有紫薇省之称，中书舍人被唤作"紫薇郎"，白居易《紫薇花》诗："丝纶阁下文书静，钟鼓楼中刻漏长。独坐黄昏谁是伴，紫薇花对紫微郎。"

紫薇林

山神洞

　　"天平山之神"，乾隆年间范瑶所题。此洞在天平山山阳正中，当地人常到此处祭拜山神。洞两边的石刻浮雕是文曲星和武曲星。

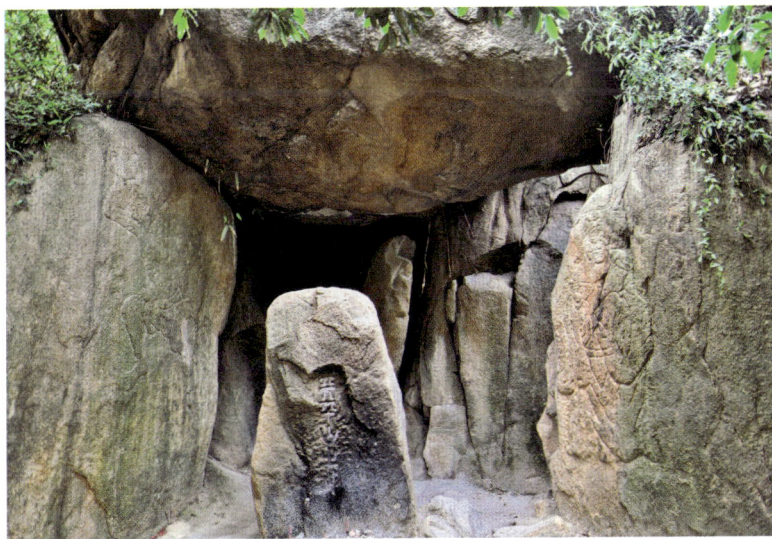

天平山之神

莲花洞 文昌阁

　　这里向来被认为是天平山最美的地方。山路曲折，竹树茂密，清代的时候，莲花洞边还有建筑，曾有老和尚在里面住过。现在只能见到石壁上的"莲花洞"三字石刻。"莲花洞"，因四面诸峰拱卫如莲花而得名。佛教以莲花比喻佛性，是西方净土的象征，是孕育灵魂之处，象征纯洁，经过此地到上白云，正是走上圣洁之途。

　　洞旁旧有佛堂三楹及文昌阁、达摩阁，已倾圮。现在的文昌阁为近年来新建。

　　奇石危耸，嶙岣峻峭，气象万千。

莲花洞·文昌阁

天平山上的"万笏朝天"新题刻

上白云区

该景区古建筑因年代久远而废圮，以当代建筑叶天士纪念馆为主。

据宋《平江图》所示，山顶曾有无名塔，已毁，具体位置及塔的形制现已无考。

白云洞

　　大石屋又名"白云洞"，三面壁立，上面覆盖着两块大石，"盘石如大厦，元无斧凿痕"，为天然石屋洞穴。可以容纳几十个人。旁有石亭，内置香火案头，供石弥勒佛。

白云洞

　　白云洞洞口石头上有摩崖石刻文字："登山如登桥，步步走上白云霄。抬头四望落日外，此去西方一直到，承兴游人到此间，也须快念弥陀好。"款署"道光十七年四月初八日白云僧慧安敬勒"。

　　人们一步步登上峰顶时，四望落日，似乎在向佛教所称的西方极乐世界走去一样，要口诵"南无阿弥陀佛"，即"我皈依佛教"之意。这时，"一澄寂离众染，超遥谢尘寰"，要"心与云俱闲"，以至"相对忘其还"了。

白云洞摩崖

天庭一柱
海豹石
三鹰石

上白云是天平山的最高处，攀登上白云，一路饱览奇石异峰。真是"无限风光在险峰"！

天庭一柱

海豹石

三鹰石

云上佛手石

清光绪间吉林将军长白达桂题"我来上白云，身在白云上"，"身在白云上"出自宋杨万里《中元日晓碧落堂望南北山二首》诗："登山俯平野，万壑皆白云，身在白云上，不知云绕身。"

佛手石形似释迦牟尼佛张开的巨手，"艮"为指，见指、见掌为吉。"艮"见于东北则人旺，希望能达成。

云上峰

佛手石

望湖台
照湖镜

山顶为望湖台，平坦宽广，能容数百人，"拂石以坐，则见山之云浮浮，天之风飕飕，太湖之水渺乎其悠悠"（明高启《游天平山记》）。七十二峰，若隐若现，浩渺无边，"江流天地外，山色有无中"，令人心旷神怡。

望湖台

望湖台上有一块圆形的巨石，面向太湖，就像一面巨大的石头镜子，所以叫"照湖镜"。明代的诗人杨基有一首《照湖镜》诗，说："团团山上石，下照太湖影。如何一鉴中，三万六千顷。"范氏后裔范宗福诗曰："不劳镕铸与磨砻，自有澄辉照碧空。秋宇内涵珠璧象，夕阳西映水晶宫。蛟龙景动五湖里，草木光摇万象中。尽解妍媸（chī）照人物，何须尘匣览青铜。"

民国《吴县志》正文记载："其山顶平正处，曰望湖台，即远公庵遗址。"远公（990—1067），宋代高僧，名法远，一作法源，《续传灯录》称其"郑州人也"，俗姓王，一说姓沈，十七岁从首山省念禅师之法嗣三交智嵩禅师受戒，北宋皇祐时，范仲淹建功德寺，请之开山。

《吴郡诸山录》又说："下至小石屋……又下至飞来峰……又东下远公庵……"明高启《游天平山记》则说："至白云寺，谒魏公祠，憩远公庵，然后由其麓狙杙而上。"可见远公庵位置当存疑，或在山顶，或在飞来石附近。

照湖镜

上云峰

云上高峰峰下云。至此地，游人不是仙家客，足也踏云天上行。

上云峰

尾声

天平山，既具万笏朝天的自然之胜，又有第一流人物范仲淹崇文尚德的人文之盛，得天独厚：范仲淹"先忧后乐"的精神，在苏州办府学、建义庄，成为苏州及中华民族崇文尚德楷模，天平山也成为爱国主义教育基地。

天平山作为皇家赐山，千百年来，始终掌握在范氏家族之手，成为范氏家族的文化根脉，加上范仲淹的人格魅力，虽亦历经沧桑，几度重修，但基本格局犹存；

天平山是寺庙园林、文人园林、墓园兼于一体的园林。天平山庄作为晚明山林地所建的园林，基本保留了晚明山地文人园古朴典雅的艺术风貌，体现出典雅温婉的士大夫审美情调；

天平山的高义园，作为乾隆帝四次驾临的行宫，建筑规格体现了皇家威仪，美轮美奂；因此，天平山园林体现了江南文人园林和北方皇家园林的风格交汇。

其他如恩纶亭假山是苏州园林中就地取材、随山势起伏而堆叠的真山中的假山孤例；利用自然山泉，在假山中打造水涧、水潭，并通过暗渠流入门外十景塘的水系等，都生动地体现了"虽由人作、宛自天开"的构园传统，成为今天构园借鉴的生动范例。

明万历年间，范允临从任职地福建带回的红枫和范仲淹"先忧后乐"的精神，成为天平山景区的两大瑰宝，成为包容、开放、交流的精神象征，也是新时代赓续优秀传统并创新性转化的源头活水。